道路建筑材料检测技术
实训指导书

主　编　王林攀　李　峰
副主编　葛怀琴　张　振　陈永松
主　审　肖玉德

合肥工業大學出版社

前　言

《道路建筑材料试验检测技术实训指导书》是与安徽交通职业技术学院2019年度高等学校省级质量工程高水平高职教材《道路建筑材料试验检测技术》项目配套的建设教材。为帮助学习者规范地进行道路建筑材料试验检测操作，正确地理解和掌握标准规范对道路建筑材料试验检测的要求，提升学习者的操作水平，由项目负责人安徽交通职业技术学院王林攀组织行业专家（包括安徽立质工程试验检测有限公司李峰、葛怀琴，宿州市公路管理中心张振，安徽省公路工程检测中心陈永松等）共同编写了本书，具体分工如下：第一章和第二章由陈永松完成，第三章和第七章由李峰完成，第四章由王林攀完成，第五章由葛怀琴完成，第六章和第八章由张振完成，全书由王林攀、李峰进行统稿。该书引用交通部颁行业推荐性标准或国家标准，理论与标准规范操作相结合，介绍了多种道路建筑材料的试验检测目的与适用范围、仪器设备、试验步骤、试验结果计算、允许误差，并附有工程一线试验用记录表格，力求达到"实用、管用"的效果。

本书由安徽交通职业技术学院肖玉德教授进行了认真细致的审阅。在编写本书的过程中，编者得到了合肥工业大学出版社张择瑞编辑的大力支持，特此感谢！同时对本书中所用参考资料的作者们致以诚挚的谢意！

由于编者水平有限，书中不足之处在所难免，恳请读者不吝赐教。

编　者

2022年3月

目　　录

第一章　石料试验检测技术

石料是道路与桥梁工程结构及其附属构造物中用量较大的一类材料。石料制品可直接砌筑结构物或用于道路铺面；天然岩石石料的性质主要取决于其造岩矿物和成岩条件。在道路工程中常用石料品种有石灰岩、花岗石、砂岩、玄武岩、辉绿岩等。

石料的性能可分为力学性能和物理性能，其试验参数有含水率、密度、单轴抗压强度、吸水性、毛体积密度等。

本章中的试验方法是依据《公路工程岩石试验规程》(JTG E41—2005)中的规定进行编写的。

第一节　试验检测方法

一、含水率试验(烘干法)

1. 目的与适用范围

本试验适用于测定岩石在天然状态下的含水率。岩石的含水率可间接地反映岩石中空隙的多少、岩石的致密程度等特性。

本试验采用烘干法。对于不含结晶水矿物的岩石，其烘干温度为105～110℃；对于含结晶水矿物的岩石，其温度宜在(60±5)℃下进行测定。

2. 仪器设备

(1)烘箱：能使温度控制在105～110℃，最低控温能满足(60±5)℃。

(2)干燥器：内装有氯化钙或硅胶等干燥剂。

(3)天平：感量0.01g。

(4)称量盒

3. 试样制备

(1)保持天然含水率的试件应在现场采取，不得采用爆破或湿钻法。试件在采样、运输、储存和制备过程中，含水率的变化不应超过1%。

(2)每个试件尺寸应大于组成岩石最大颗粒尺寸的10倍。每个试件的质量不得小于40g，且不大于200g。每组试验试件的数量不宜少于5个。

(3)应记录描述岩石的名称、颜色、矿物成分、结构、构造、风化程度、胶结物性质及为保持试样含水状态所采取的措施等。

4. 试验步骤

(1)将试件放置在已烘干的称量盒内，称取试件和称量盒的合质量m_1，精确至0.01g。

(2)将称量盒连同试件一起置于烘箱内。对于不含结晶水的岩石,在105～110℃的恒温下烘干至恒重,烘干时间为12～14h。对于含结晶水的岩石,在(60±5)℃的恒温下烘干至恒重,烘干时间为24～48h。

(3)将称量盒从烘箱中取出,放入干燥器中冷却至室温,称取烘干后的试件和称量盒的合质量 m_2。

5. 试验结果计算

(1)按式(1-1)计算岩石含水率:

$$\omega=\frac{m_1-m_2}{m_2-m_0}\times 100\% \tag{1-1}$$

式中:ω——岩石含水率(%);

m_0——称量盒烘干质量(g);

m_1——岩石和称量盒烘干前的合质量(g);

m_2——岩石和称量盒烘干后的合质量(g)。

(2)以5个试件的算术平均值作为试验结果,计算结果精确至0.1%。

二、密度试验

1. 目的与适用范围

岩石的密度(颗粒密度)是选择建筑材料、研究岩石风化、评价地基基础工程岩体稳定性及确定围岩压力等必需的计算指标。

本方法用洁净水作试液时适用于对不含水溶性矿物成分的岩石的密度进行测定,对于含水溶性矿物成分的岩石应使用中性液体(如煤油)作试液。

2. 仪器设备

(1)密度瓶:短颈量瓶,容积100mL。

(2)天平:感量0.001g。

(3)粉碎机、瓷研钵、磁铁块和孔径为0.3mm的筛子。

(4)真空抽气设备和煮沸设备。

(5)烘箱和干燥器。

(6)恒温水浴箱。

(7)温度计。

3. 试样制备

取代表性岩石试样在小型轧石机上初碎(或手工用钢锤捣碎),再置于球磨机中进一步磨碎,然后用研钵研细,使之全部粉碎成能通过0.3mm筛孔的岩粉。

4. 试验步骤

(1)将制备好的岩粉放在瓷皿中,置于温度为105～110℃的烘箱中烘干至恒重,烘干时间一般为6～12h,然后放入干燥器内冷却至室温[(20±2)℃]备用。

(2)用四分法取两份岩粉,每份岩粉质量15g(m_1),精确至0.001g(本试验称量精度皆同),用漏斗灌入洗净烘干的密度瓶中,并注入试液至密度瓶的一半处,摇动密度瓶使岩粉分散。

(3)当使用洁净水作试液时,应采用煮沸法或真空抽气法排除气体;当使用煤油作试液时，应采用真空抽气法排除气体。当采用煮沸法排除气体时，煮沸时间自悬液沸腾时算起不得少于1h；当采用真空抽气法排除气体时，真空压力表读数宜为100kPa，抽气时间维持1～2h，直至无气泡逸出为止。

(4)将经过排除气体的密度瓶取出擦干，冷却至室温，再向密度瓶中注入排除气体且同温条件的试液，使接近满瓶，然后置于恒温[(20±2)℃]水槽内，待瓶内温度稳定，上部悬浮液澄清后，塞好瓶塞，使多余试液溢出。从恒温水槽中取出密度瓶，擦干瓶外水分，立即称其质量(m_3)。

(5)倒出悬液，洗净密度瓶，注入经排除气体并与试验同温度的试液至密度瓶内，再置于恒温水槽内。待瓶内试液的温度稳定后，塞好瓶塞，将逸出瓶外试液擦干，立即称其质量(m_2)。

5. 试验结果计算

(1)按式(1-2)计算岩石的颗粒密度，精确至0.01g/cm³：

$$\rho_t=\frac{m_1}{m_1+m_2-m_3}\times\rho_{wt} \tag{1-2}$$

式中：ρ_t——岩石的密度(g/cm³)；

m_1——干岩粉质量(g)；

m_2——密度瓶与试液的合质量(g)；

m_3——密度瓶、试液与岩粉的合质量(g)；

ρ_{wt}——与试验同温度的试液密度(g/cm³)。

洁净水的密度可在相关规范中查得，煤油的密度按式(1-3)计算：

$$\rho_{wt}=\frac{m_5-m_4}{m_6-m_4}\times\rho_w \tag{1-3}$$

式中：m_4——密度瓶的质量(g)；

m_5——密度瓶与煤油的合质量(g)；

m_6——密度瓶与经排除气泡的洁净水的合质量(g)；

ρ_w——经排除气泡的洁净水的密度(g/cm³)，由表1-1查得。

表1-1 不同水温时水的密度 ρ_T

水温(℃)	15	16	17	18	19	20
水的密度 ρ_T(g/cm³)	0.99913	0.99897	0.99880	0.99862	0.99843	0.99822
水温(℃)	21	22	23	24	25	—
水的密度 ρ_T(g/cm³)	0.99802	0.99779	0.99756	0.99733	0.99702	—

(2)测定颗粒密度试验进行两次，两次测定值的差值不得大于0.02g/cm³，取两次的算术平均值作为最终结果。计算精确至0.01g/cm³。

三、单轴抗压强度试验

1. 目的与适用范围

单轴抗压强度试验是测定规则形状岩石试件单轴抗压强度的方法，主要用于岩石的强度分级和岩性描述。本方法采用饱和状态下的岩石立方体(或圆柱体)试件的抗压强度测定来评定岩石强度(包括碎石或卵石的原始岩石强度)。在某些情况下,试件含水状态还可根据需要选择天然状态、烘干状态或冻融循环后状态。

2. 仪器设备

(1)压力试验机:其精度为±1%;试件破坏荷载应大于压力机全程的20%,且小于压力机全程的80%;应具有加荷速度指示装置或加荷速度控制装置,并应能均匀、连续加荷。

(2)钻芯机、切石机、磨石机等岩石试件加工设备。

(3)烘箱、游标卡尺、角尺及水池等。

(4)小球座(直径不大于150mm):钢质坚硬,面部平整度要求在100mm距离内高低差值不超过0.05mm,球面及球窝粗糙度 $R_4=0.321\mu m$,研磨、转动灵活。

3. 试件制备

(1)建筑地基的岩石试验,采用圆柱体作为标准试件,直径为(50±2)mm、高径比为2∶1。每组试件共6个。

(2)桥梁工程用的石料试验,采用立方体试件,边长(70±2)mm。每组试件共6个。

(3)路面工程用的石料试验,采用圆柱体或立方体试件,其直径或边长和高均为(50±2)mm。每组试件共6个。有显著层理的岩石,分别沿平行和垂直层理方向各取试件6个。试件上、下端面应平行和磨平,试件端面的平面度公差应小于0.05mm,端面对于试件轴线垂直度偏差不应超过0.25°。对于非标准圆柱体试件,需要对其试验后的抗压强度试验值进行换算。

4. 试验步骤

(1)用游标卡尺量取试件尺寸(精确到0.1mm)。对于立方体试件,在其顶面和底面上各量取其边长,以各个面上相互平行的两个边长的算术平均值计算其承压面积;对于圆柱体试件,在其顶面和底面分别测量两个相互正交的直径,并以其各自的算术平均值分别计算底面和顶面的面积,取其顶面面积和底面面积的算术平均值作为计算抗压强度时所需的截面面积。

(2)试件的含水状态可根据工程应用部位选择烘干状态、天然状态、饱和状态或冻融循环后状态。

(3)按岩石强度性质,选定合适的压力机。将试件置于压力机的承压板中央,对正上、正下承压板,不得偏心。

(4)以0.5~1.0MPa/s的速率进行加荷直至破坏,记录破坏荷载及加载过程中出现的现象。抗压试件试验的最大荷载记录以N为单位,精确至1%。

5. 试验结果计算

(1)岩石的抗压强度按式(1-4)计算,结果精确至0.01MPa:

$$R=\frac{P}{A} \tag{1-4}$$

式中:R——岩石单轴抗压强度(MPa);

P——试件破坏时的荷载(N);

A——试件的截面面积(mm^2)。

(2)软化系数按式(1－5)计算，结果精确至0.01：

$$k_p=\frac{R_w}{R_d} \tag{1-5}$$

式中：k_p——岩石软化系数，无量纲；

R_w——岩石在饱和状态下的单轴抗压强度(MPa)；

R_d——岩石在烘干状态下的单轴抗压强度(MPa)。

(3)单轴抗压强度试验结果应同时列出每个试件的试验值及同组岩石单轴抗压强度的平均值；有显著层理的岩石，分别报告垂直与平行层理方向的试件强度的算术平均值。计算值精确至0.1MPa。

(4)软化系数计算值精确至0.01，3个试件平行测定，取算术平均值；3个值中最大值与最小值之差不应超过平均值的20％，否则，应另取第4个试件，并在4个试件中取接近的3个值的算术平均值作为试验结果，同时在报告中将4个值全部列出。

四、吸水性试验

1. 目的与适用范围

岩石的吸水性用吸水率与饱和吸水率表示。岩石的吸水率与饱和吸水率能有效地反映岩石的微裂隙的发育程度，可用来判断岩石的抗冻和抗风化等性能。

岩石的吸水率采用自由吸水法测定，饱和吸水率采用煮沸法或真空抽气法测定。

本试验适用于遇水不崩解、不溶解或不干缩湿胀的岩石。

2. 仪器设备

(1)切石机、钻石机、磨石机等岩石加工设备。

(2)天平：感量0.01g，称量大于500g。

(3)烘箱：能使温度控制在105～110℃。

(4)抽气设备：抽气机、水银压力计、真空干燥器、净气瓶。

(5)煮沸水槽。

3. 试件制备

试件尺寸应符合单轴抗压强度试件的要求，每组试件至少3个，岩石组织不均匀者，每组试件不少于5个。

4. 试验步骤

(1)将试件放入温度105～110℃的烘箱内烘至恒重，烘干时间一般为12～24h，取出置于干燥器内冷却至室温(20±2)℃，称其质量，精确至0.01g(后同)。

(2)将称量后的试件置于盛水容器内，先注水至试件的1/4处，以后每隔2h分别注水至试件高度的1/2和3/4处，6h后将水加至高出试件顶面20mm处，以利试件内空气逸出。试件全部被水淹没后再自由吸水48h。

(3)取出浸水试件，用湿纱布擦去试件表面水分，立即称其质量。

(4)任选如下一种方法进行试件强制饱和：

用煮沸法饱和试件：将称量好的试件放入水槽，注水至试件高度的一半，静置2h。再加水使试件浸没，煮沸6h以上，并保持水的深度不变。煮沸停止后静置水槽，待其冷却，取出试件，用湿纱布擦去表面水分，立即称其质量。

用真空抽气法饱和试件：将称量好的试件置于真空干燥器中，注入洁净水，水面高于试件顶面20mm，开动抽气机，抽气时真空压力需达到100kPa，保持此真空状态直至无气泡发出为止（不少于4h）。经真空抽气的试件应放置在原容器中，在大气压力下静置4h，取出试件，用湿纱布擦去试件表面水分，立即称其质量。

5. 试验结果计算

（1）按式（1-6）计算吸水率，结果精确至0.01%：

$$\omega_a = \frac{m_1 - m}{m} \tag{1-6}$$

式中：ω_a——岩石吸水率（%）；

m——烘干至恒量时的试件质量（g）；

m_1——吸水至恒量时试件质量（g）。

（2）对于组织均匀的试件，取3个试件试验结果的平均值作为测定值；对于组织不均匀的试件，则取5个试件试验结果的平均值作为测定值。并同时列出每个试件的试验结果。

五、毛体积密度试验

1. 目的与适用范围

岩石的毛体积密度（块体密度）是一个间接反映岩石致密程度、孔隙发育程度的参数，也是评价工程岩体稳定性及确定围岩压力等必需的计算指标。根据岩石的含水状态，毛体积密度可分为干密度、饱和密度和天然密度。

岩石毛体积密度试验分为量积法、水中称量法和蜡封法。

量积法适用于能制备成规则试件的各类岩石；水中称量法适用于除遇水崩解、溶解和干缩湿胀外的其他各类岩石；蜡封法适用于不能用量积法或直接在水中称量进行试验的岩石。

2. 仪器设备

（1）切石机、磨平机、钻芯机等岩石加工设备。

（2）天平：感量0.01g，称量大于500g。

（3）烘箱：能使温度控制在105～110℃。

（4）石蜡及熔蜡设备。

（5）水中称量装置。

（6）游标卡尺。

3. 试样制备

（1）量积法试件制备：试件尺寸应符合单轴抗压强度试件的要求。

（2）水中称量法试件制备：试件尺寸应符合下列规定，即试件可采用规则或不规则形状，试件尺寸应大于组成岩石最大颗粒粒径的10倍，每个试件质量不宜小于150g。

（3）蜡封法试件制备：将岩块制成40～60mm的立方体试件，用砂轮打磨其尖锐棱角，使其成浑圆状块体；或采用直径为48～52mm圆柱体试件。

（4）试样数量，同一含水状态的试件，每组不得少于3个。

4. 量积法试验步骤

(1)量测试件的直径或边长:用游标卡尺量测试件两端和中间3个断面上互相垂直的两个直径和边长,按截面面积计算平均值。

(2)量测试件的高:用游标卡尺量测端面周边4个对称点(圆柱体试件为互相垂直的直径与圆周交点处;立方体试件为边长的中点)和中心点的5个高度,计算其算术平均值。

(3)测定天然密度:应在岩石开封后,在保持天然湿度的条件下,立即加工试件和称量。测定后的试件,可作为天然状态的单轴抗压强度试验用的试件。

(4)测定饱和密度:试件的饱和过程和称量,应按照吸水性试验的方法进行,测定后的试件,可作为饱和状态的单轴抗压强度试验用的试件。

(5)测定干密度:将试件置于烘箱中,在105~110℃的恒温下烘12~24h,然后放入干燥器内冷却至室温,称干试件质量。测定后的试件,可作为干燥状态的单轴抗压强度试验用的试件。

(6)长度测量精确至0.01mm,称量精确至0.01g。

5. 水中称量法试验步骤

(1)测定天然密度时,应选取有代表性的岩石制备试件并称量;测干密度时,将试件放入烘箱,在105~110℃的恒温下烘12~24h,然后放入干燥器内冷却至室温,称试件质量。

(2)将干试件浸入水中进行饱和,饱和方法可依据岩石性质选用煮沸法或真空抽气法。饱和过程和称量,应符合岩石吸水率试验中的规定。

(3)取出饱和浸水试件,用湿纱布擦去试件表面水分,立即称其质量。

(4)将试样放在水中称量装置的丝网上,称取试样在水中的质量(丝网在水中质量可事先用砝码平衡)。在称量过程中,称量装置的液面应始终保持同一高度,并记下水温。

(5)本试验称量精确至0.01g。

6. 蜡封法试验步骤

(1)测定天然密度时,应选取有代表性的岩石制备试件并称量;测定干密度时,将试件置于烘箱中,在105~110℃的恒温下烘12~24h,然后放入干燥器内冷却至室温。

(2)从干燥器中取出试件,放在天平上称量,精确至0.01g。

(3)把石蜡装在干净的铁盆中加热熔化,至稍高于熔点(一般石蜡熔点在55~58℃)。岩石试件可通过滚涂或刷涂的方法使其表面涂上一层厚度1mm左右的石蜡层,冷却后准确称出蜡封试件的质量。

(4)将蜡封试件系于天平上,称出其在洁净水中的质量。

(5)擦干试件表面的水分,在空气中重新称取蜡封试件的质量,检查此时蜡封试件的质量是否大于浸水前的质量。如果超过0.05g时,说明试件蜡封不完好,洁净水已浸入试件,应取试件重新测定。

7. 试验结果计算

(1)量积法岩石毛体积密度按式(1-7)~式(1-9)计算:

$$\rho_0=\frac{m_0}{V} \tag{1-7}$$

$$\rho_s=\frac{m_s}{V} \tag{1-8}$$

$$\rho_d = \frac{m_d}{V} \tag{1-9}$$

式中：ρ_0——天然密度(g/cm^3)；

ρ_s——饱和密度(g/cm^3)；

ρ_d——干密度(g/cm^3)；

m_0——试件烘干前的质量(g)；

m_s——试件强制饱和后的质量(g)；

m_d——试件烘干后的质量(g)；

V——岩石的体积(cm^3)。

(2)水中称量法岩石毛体积密度按式(1-10)～式(1-12)计算：

$$\rho_0 = \frac{m_0}{m_s - m_w} \times \rho_w \tag{1-10}$$

$$\rho_s = \frac{m_s}{m_s - m_w} \times \rho_w \tag{1-11}$$

$$\rho_d = \frac{m_d}{m_s - m_w} \times \rho_w \tag{1-12}$$

式中：m_w——试件强制饱和后在洁净水中的质量(g)；

ρ_w——洁净水的密度(g/cm^3)，由表1-1查得。

(3)蜡封法岩石毛体积密度按式(1-13)和式(1-14)计算：

$$\rho_0 = \frac{m_0}{\frac{m_1 - m_2}{\rho_w} - \frac{m_1 - m_d}{\rho_N}} \tag{1-13}$$

$$\rho_d = \frac{m_d}{\frac{m_1 - m_2}{\rho_w} - \frac{m_1 - m_d}{\rho_N}} \tag{1-14}$$

式中：m_1——蜡封试件的质量(g)；

m_2——蜡封试件在洁净水中的质量(g)；

ρ_N——石蜡的密度(g/cm^3)。

(4)毛体积密度试验结果精确至$0.01g/cm^3$，3个试件平行试验，取平均值作为最终结果。

(5)孔隙率计算。

计算出岩石的毛体积密度及密度后，用式(1-15)计算其总孔隙率n，结果精确至0.1%：

$$n = \left(1 - \frac{\rho_d}{\rho_t}\right) \times 100 \tag{1-15}$$

式中：n——岩石总孔隙率(%)；

ρ_t——岩石的密度(g/cm^3)。

第二节　常用参数试验记录表格

岩石含水率、吸水率试验检测记录表

检测单位名称：　　　　　　　　　　　　　　　　　　　　　　记录编号：

工程名称				
工程部位/用途				
样品信息	样品名称：　　样品编号：　　样品数量： 样品状态：　　来样时间：			
试验检测日期			试验条件	
检测依据			判定依据	
主要仪器设备名称及编号				
含水率试验				
试件编号				
称量盒号				
称量盒的质量(g)				
试样烘干前与称量盒的合质量(g)				
试样烘干后与称量盒的合质量(g)				
含水率(%)				
含水率平均值(%)				
吸水率试验				
试件编号				
试样烘干后的质量(g)				
试样吸水后的质量(g)				
吸水率(%)				
吸水率平均值(%)				
附加声明：				

检测：　　　　　　记录：　　　　　　复核：　　　　　　　　　　日期：　　　年　　月　　日

岩石密度试验检测记录表

检测单位名称：　　　　　　　　　　　　　　　　记录编号：

工程名称			
工程部位/用途			
样品信息	样品名称：　样品编号：　样品数量： 样品状态：　来样时间：		
试验检测日期		试验条件	
检测依据		判定依据	
主要仪器设备名称及编号			
试件编号			
密度瓶号			
岩粉的质量(g)			
密度瓶、试液与岩粉的总质量(g)			
密度瓶与试液的总质量(g)			
经排气后洁净水的密度：洁净水的温度(℃)			
经排气后洁净水的密度：洁净水的密度(g/cm^3)			
煤油的密度：密度瓶的质量(g)			
煤油的密度：密度瓶与煤油的总质量(g)			
煤油的密度：密度瓶与经排除气体的煤油的总质量(g)			
煤油的密度：煤油的温度(℃)			
煤油的密度：煤油的密度(g/cm^3)			
岩石的密度(g/cm^3)			
岩石的密度平均值(g/cm^3)			
附加声明：			

检测：　　　　记录：　　　　复核：　　　　　　　　日期：　　年　　月　　日

岩石单轴抗压强度试验检测记录表(立方体)

检测单位名称：　　　　　　　　　　　　　　　　　　　　　　　　　　　　　　记录编号：

<table>
<tr><td colspan="3">工程名称</td><td colspan="15"></td></tr>
<tr><td colspan="3">工程部位/用途</td><td colspan="15"></td></tr>
<tr><td colspan="3">样品信息</td><td colspan="15">样品名称：　　　样品编号：　　　样品数量：　　　样品状态：　　　来样时间：</td></tr>
<tr><td colspan="3">试验检测日期</td><td colspan="8"></td><td colspan="3">试验条件</td><td colspan="4"></td></tr>
<tr><td colspan="3">检测依据</td><td colspan="8"></td><td colspan="3">判定依据</td><td colspan="4"></td></tr>
<tr><td colspan="3">主要仪器设备名称及编号</td><td colspan="15"></td></tr>
<tr><td rowspan="2">试件编号</td><td rowspan="2">含水状态</td><td rowspan="2">层理</td><td colspan="5">立方体高(mm)</td><td colspan="2" rowspan="2">立方体顶面边长(mm)</td><td colspan="2" rowspan="2">立方体底面边长(mm)</td><td colspan="2" rowspan="2">相互平行的两个面边长的平均值(mm)</td><td rowspan="2">试件的承压面积(mm^2)</td><td rowspan="2">极限载荷(N)</td><td colspan="2">抗压强度(MPa)</td></tr>
<tr><td colspan="4">单值</td><td>平均值</td><td>单个值</td><td>平均值</td></tr>
<tr><td></td><td rowspan="6"></td><td rowspan="6"></td><td></td><td></td><td></td><td></td><td></td><td></td><td></td><td></td><td></td><td></td><td></td><td></td><td></td><td></td><td rowspan="6"></td></tr>
<tr><td></td><td></td><td></td><td></td><td></td><td></td><td></td><td></td><td></td><td></td><td></td><td></td><td></td><td></td><td></td></tr>
<tr><td></td><td></td><td></td><td></td><td></td><td></td><td></td><td></td><td></td><td></td><td></td><td></td><td></td><td></td><td></td></tr>
<tr><td></td><td></td><td></td><td></td><td></td><td></td><td></td><td></td><td></td><td></td><td></td><td></td><td></td><td></td><td></td></tr>
<tr><td></td><td></td><td></td><td></td><td></td><td></td><td></td><td></td><td></td><td></td><td></td><td></td><td></td><td></td><td></td></tr>
<tr><td></td><td></td><td></td><td></td><td></td><td></td><td></td><td></td><td></td><td></td><td></td><td></td><td></td><td></td><td></td></tr>
<tr><td colspan="3">软化系数</td><td colspan="15"></td></tr>
<tr><td colspan="18">附加声明：</td></tr>
</table>

检测：　　　　　　记录：　　　　　　复核：　　　　　　　　　　　　　　　　　　日期：　　　年　　月　　日

岩石毛体积密度试验检测记录表(水中称量法)

检测单位名称：　　　　　　　　　　　　　　　　　　　　　　　　记录编号：

<table>
<tr><td colspan="2">工程名称</td><td colspan="5"></td><td colspan="2">工程部位/用途</td><td colspan="5"></td></tr>
<tr><td colspan="2">样品信息</td><td colspan="12">样品名称：　　　样品编号：　　　样品数量：　　　样品状态：　　　来样时间：</td></tr>
<tr><td colspan="2">试验检测日期</td><td colspan="5"></td><td colspan="2">试验条件</td><td colspan="5"></td></tr>
<tr><td colspan="2">检测依据</td><td colspan="5"></td><td colspan="2">判定依据</td><td colspan="5"></td></tr>
<tr><td colspan="2">主要仪器设备名称及编号</td><td colspan="12"></td></tr>
<tr><td rowspan="2">试件编号</td><td rowspan="2">天然试件的质量(g)</td><td rowspan="2">试件烘干后的质量(g)</td><td rowspan="2">试件强制饱和后的质量(g)</td><td rowspan="2">试件饱水后在水中的质量(g)</td><td rowspan="2">洁净水的温度(℃)</td><td rowspan="2">洁净水的密度(g/cm³)</td><td colspan="2">天然密度(g/cm³)</td><td colspan="2">饱和密度(g/cm³)</td><td colspan="2">干密度(g/cm³)</td><td rowspan="2">试件描述</td></tr>
<tr><td>单值</td><td>平均值</td><td>单值</td><td>平均值</td><td>单值</td><td>平均值</td></tr>
<tr><td></td><td></td><td></td><td></td><td></td><td></td><td></td><td></td><td rowspan="6"></td><td></td><td rowspan="6"></td><td></td><td rowspan="6"></td><td></td></tr>
<tr><td></td><td></td><td></td><td></td><td></td><td></td><td></td><td></td><td></td><td></td><td></td></tr>
<tr><td></td><td></td><td></td><td></td><td></td><td></td><td></td><td></td><td></td><td></td><td></td></tr>
<tr><td></td><td></td><td></td><td></td><td></td><td></td><td></td><td></td><td></td><td></td><td></td></tr>
<tr><td></td><td></td><td></td><td></td><td></td><td></td><td></td><td></td><td></td><td></td><td></td></tr>
<tr><td></td><td></td><td></td><td></td><td></td><td></td><td></td><td></td><td></td><td></td><td></td></tr>
<tr><td colspan="14">附加声明：</td></tr>
</table>

检测：　　　　记录：　　　　复核：　　　　　　　　　　　　日期：　　年　　月　　日

第二章 集料试验检测技术

集料是道路桥梁工程中用量最大的材料。集料通常与其他材料掺配,组成多种类型的混合类,用于不同道路结构物。同时,从构成混合料所用材料的数量上,集料往往占有最高的比例,其性能表现直接影响各种混合料的应用效果。因此系统地掌握集料相关试验检测方法,是更好地认知其他混合料性能和应用的基础。

集料分为粗集料、细集料,其中粗集料常用的试验参数有粗集料筛分、含泥量与泥块含量、密度及吸水率、堆积密度与空隙率、针片状颗粒含量、压碎值、洛杉矶磨耗率、集料与沥青黏附性、含水率等;细集料常用的试验参数有筛分、表观密度、密度与吸水率等。

本章中的试验方法依据《公路工程集料试验规程》(JTG E42—2005)中的规定。

第一节 粗集料试验方法

一、粗集料及集料混合料筛分试验

1. 目的与适用范围

(1)本试验目的是测定粗集料(碎石、砾石、矿渣等)的颗粒组成。对水泥混凝土用粗集料可采用干筛法筛分,对沥青混合料及基层用粗集料必须采用水洗法试验。

(2)本试验方法也适用于同时含有粗集料、细集料、矿粉的集料混合料筛分试验,如未筛碎石、级配碎石、天然砂砾、级配砂砾、无机结合料稳定基层材料、沥青拌和料的冷料混合料、热料仓材料、沥青混合料经溶剂抽提后的矿料等。

2. 仪器设备

(1)试验筛:根据需要选用规定的标准筛。

(2)摇筛机。

(3)电子天平或台秤:感量不大于试样质量的0.1%。

(4)其他:盘子、铲子、毛刷等。

3. 试样准备

按规定将来料用分料器或四分法缩分至表2-1中要求的试样所需量,风干后备用。根据需要可按要求的集料最大粒径的筛孔尺寸过筛,除去超粒径部分颗粒后,再进行筛分。

表2-1 筛分用的试样质量

公称最大粒径(mm)	75	63	37.5	31.5	26.5	19	16	9.5	4.75
试样质量不少于(kg)	10	8	5	4	2.5	2	1	1	0.5

4. **水泥混凝土用粗集料干筛法试验步骤**

(1)取试样一份置于(105±5)℃烘箱中烘干至恒重,称取干燥集料试样的总质量 m_0,准确至0.1%。

(2)用搪瓷盘做筛分容器,按筛孔大小顺序逐个将集料过筛。当人工筛分时,须使集料在筛面上同时有水平方向及上下方向的不停顿运动,使小于筛孔的集料通过筛孔,直至在1min内通过筛孔的质量小于筛上残余量的0.1%为止;当采用摇筛机筛分时,应在摇筛机筛分后再逐个由人工补筛。将筛出通过的颗粒并入下一号筛,同下一号筛中的试样一起过筛,顺序进行,直至各号筛全部筛完为止。应确认1min内通过筛孔的质量确实小于筛上残余量的0.1%。

(3)如果某个筛上的集料过多,影响筛分作业时,可以分两次筛分。当筛余颗粒的粒径大于19mm时,在筛分过程中允许用手指轻轻拨动颗粒,但不得逐颗塞过筛孔。

(4)称取每个筛上的筛余量,准确至总质量的0.1%。各筛分计筛余量 m_i 及筛底存量 $m_{底}$ 的总和与筛分前试样的干燥总质量 m_0 相比,相差不得超过 m_0 的0.5%。

5. **沥青混合料及基层用粗集料水洗法试验步骤**

(1)取一份试样,将试样置于(105±5)℃烘箱中烘干至恒重,称取干燥集料试样的总质量 m_3,准确至0.1%。

(2)将试样置于一洁净容器中,加入足够量的洁净水,将集料全部淹没,但不得使用任何洗涤剂、分散剂或表面活性剂。

(3)用搅棒充分搅动集料,使集料表面洗涤干净,使细粉悬浮在水中,但不得破碎集料或有集料从水中溅出。

(4)根据集料粒径大小选择组成一组套筛,其底部为0.075mm标准筛,上部为2.36mm或4.75mm筛。仔细将容器中混有细粉的悬浮液倒出,经过套筛流入另一容器中,尽量不将粗集料倒出,以免损坏标准筛的筛面。

(5)重复步骤(2)~步骤(4),直至倒出的水洁净为止,必要时可采用水流缓慢冲洗。

(6)将套筛每个筛子上的集料及容器中的集料全部回收到一个搪瓷盘中,容器上不得有沾附的集料颗粒。

(7)在确保细粉不散失的前提下,小心泌去搪瓷盘中的积水,将搪瓷盘连同集料一起置(105±5)℃烘箱中烘干至恒重,称取干燥集料试样的总质量 m_4,准确至0.1%。以 m_3 与 m_4 之差作为0.075mm的筛下部分。

(8)将回收的干燥集料按干筛方法筛分出0.075mm筛以上各筛的筛余量,此时0.075mm筛下部分应为0,如果尚能筛出,则应将其并入水洗得到的0.075mm的筛下部分,且表明水洗得不干净。

6. **干筛法筛分结果计算**

(1)计算各筛分计筛余量 m_i 及筛底存量 $m_{0.075}$ 总和与筛分前试样的干燥总质量 m_0 之差,作为筛分时的损耗 m_5,按式(2-1)计算,并计算损耗率,若损耗率大于0.3%,应重新进行筛分试验:

$$m_5 = m_0 - \left(\sum m_i + m_{0.075}\right) \tag{2-1}$$

式中：m_5—— 由于筛分造成的损耗(g)；

m_0—— 用于干筛的干燥集料总质量(g)；

m_i—— 各号筛上的分计筛余(g)；

i—— 依次为0.075mm、0.15mm… 至集料最大粒径的排序；

$m_{0.075}$—— 筛底(0.075mm 以下部分)集料总质量(g)。

(2) 干筛后各号筛上的分计筛余百分率按式(2-2)计算，记入表2-2之第(2)栏，精确至0.1%：

$$p'_i = \frac{m_i}{m_0 - m_5} \times 100\% \tag{2-2}$$

式中：p'_i—— 各号筛上的分计筛余百分率(%)；

m_5—— 由于筛分造成的损耗(g)；

m_0—— 用于干筛的干燥集料总质量(g)；

m_i—— 各号筛上的分计筛余(g)；

i—— 依次为0.075mm、0.15mm… 至集料最大粒径的排序。

(3) 干筛累计筛余百分率。各号筛的累计筛余百分率为该号筛以上各号筛的分计筛余百分率之和，记入表2-2之第(3)栏，精确至0.1%。

(4) 干筛各号筛的质量通过百分率。各号筛的质量通过百分率 P_i 等于100减去该号筛累计筛余百分率，记入表2-2之第(4)栏，精确至0.1%。

(5) 由筛底存量除以扣除损耗后的干燥集料总质量计算出0.075mm 筛的通过率。

(6) 试验结果以两次试验的平均值表示，记入表2-2中的第(5)栏，精确至0.1%。当两次试验结果 $P_{0.075}$ 的差值超过1%时，应重新进行试验。

表2-2　粗集料干筛法筛分记录表(示例)

干燥试样总量 m_0(g)	第1组				第2组				平均
	3000				3000				
筛孔尺寸(mm)	筛上重 m_i (g)	分计筛余(%)	累计筛余(%)	通过百分率(%)	筛上重 m_i (g)	分计筛余(%)	累计筛余(%)	通过百分率(%)	通过百分率(%)
	(1)	(2)	(3)	(4)	(1)	(2)	(3)	(4)	(5)
19	0	0	0	100	0	0	0	100	100
16	696.3	23.2	23.2	76.8	699.4	23.3	23.3	76.7	76.7
13.2	431.9	14.4	37.6	62.4	434.6	14.5	37.8	62.2	62.3
9.5	801.0	26.7	64.4	35.6	802.3	26.8	64.6	35.4	35.5
4.75	989.8	33.0	97.4	2.6	985.3	32.9	97.4	2.6	2.6
2.36	70.1	2.3	99.7	0.3	68.5	2.3	99.7	0.3	0.3
1.18	8.2	0.3	100	0.0	7.9	0.3	100	0.0	0.0

（续表）

干燥试样总量 m_0(g)	第1组				第2组				平均
	3000				3000				
0.6	0.5	0.0	100	0.0	0.2	0.0	100	0.0	0.0
0.3	0.0	0.0	100	0.0	0.0	0.0	100	0.0	0.0
0.15	0.0	0.0	100	0.0	0.0	0.0	100	0.0	0.0
0.075	0.0	0.0	100	0.0	0.0	0.0	100	0.0	0.0
筛底 $m_{底}$	0.0	0.0	100	—	0.0	0.0	100	0.0	—
筛分后总量 $\sum m_i$ (g)	2997.8	100.0	—	—	2998.2	100.0	—	—	—
损耗 m_5(g)	2.2	—	—	—	1.8	—	—	—	—
损耗率(%)	0.07	—	—	—	0.06	—	—	—	—

7. 水洗法结果整理

(1)按式(2-3)和式(2-4)计算粗集料中0.075mm筛下部分质量 $m_{0.075}$ 和含量 $P_{0.075}$，精确至0.1%。当两次试验结果 $P_{0.075}$ 的差值超过1%时，应重新进行试验。

$$m_{0.075}=m_3-m_4 \tag{2-3}$$

$$P_{0.075}=\frac{m_{0.075}}{m_3}\times 100=\frac{m_3-m_4}{m_3}\times 100 \tag{2-4}$$

式中：$P_{0.075}$—— 粗集料中小于0.075mm的含量(通过率)(%)；

$m_{0.075}$—— 粗集料中水洗得到的小于0.075mm部分的质量(g)；

m_3—— 用于水洗的干燥粗集料总质量(g)；

m_4—— 水洗后的干燥粗集料总质量(g)。

(2)计算各筛分计筛余量及筛底存量的总和与筛分前试样的干燥总质量 m_4 之差，作为筛分时的损耗，并计算损耗率，若损耗率大于0.3%，应重新进行试验。

$$m_5=m_3-\left(\sum m_i+m_{0.075}\right) \tag{2-5}$$

式中：m_5—— 由于筛分造成的损耗(g)；

m_3—— 用于水筛筛分的干燥集料总质量(g)；

m_i—— 各号筛上的分计筛余(g)；

i—— 依次为0.075mm、0.15mm… 至集料最大粒径的排序；

$m_{0.075}$—— 水洗后得到的0.075mm以下部分的质量(g)，即 m_3-m_4。

(3)计算其他各筛的分计筛余百分率、累计筛余百分率、质量通过百分率，计算方法与干筛法相同。当干筛时筛分有损耗时，应按干筛法的计算方法从总质量中扣除损耗部分。

(4)试验结果以两次试验的算术平均值表示。

8. 试验结果确定

(1)筛分结果以各筛孔的质量通过百分率表示，宜记录为表 2-2 的格式。

(2)对用于沥青混合料、基层材料配合比设计用的集料，宜绘制集料筛分曲线，其横坐标为筛孔尺寸的 0.45 次方，纵坐标为普通坐标。

(3)对同一种集料至少取两个试样，平行试验两次，取平均值作为各号筛上筛余量的试验结果。

二、含泥量及泥块含量试验

1. 目的与适用范围

测定碎石或砾石中小于 0.075mm 的尘屑、淤泥和黏土的总含量及 4.75mm 以上泥块颗粒的含量。

2. 仪器设备

(1)台秤：感量不大于称量的 0.1%。

(2)烘箱：能控温在(105±5)℃。

(3)标准筛：测含泥量时用孔径为 1.18mm、0.075mm 的方孔筛各一个；测泥块含量时，则用 2.36mm 及 4.75mm 的方孔筛各一个。

(4)容器：容积约 10L 的桶或搪瓷盘。

(5)浅盘、毛刷等。

3. 试样准备

将来样用四分法或分料器法缩分至表 2-3 中所规定的量(注意防止细粉丢失并防止所含粘土块被压碎)，置于温度为(105±5)℃的烘箱中烘干至恒重，冷却至室温后分成两份备用。

表 2-3　含泥量及泥块含量试验所需试样最小质量

公称最大粒径(mm)	4.75	9.5	16	19	26.5	31.5	37.5	63	75
试样最小质量(kg)	1.5	2	2	6	6	10	10	20	20

4. 含泥量试验步骤

(1)称取试样一份 m_0 装入容器内，加水，浸泡 24h，用手在水中淘洗颗粒(或用毛刷洗刷)，使尘屑、黏土与较粗颗粒分开，并使之悬浮于水中；缓缓地将浑浊液倒入 1.18mm 及 0.075mm 的套筛上，滤去小于 0.075mm 的颗粒。在试验前，应先用水湿润筛子的两面，在整个试验过程中，应注意避免大于 0.075mm 的颗粒丢失。

(2)再次加水于容器中，重复上述步骤，直至洗出的水清澈为止。

(3)用水冲洗余留在筛上的细粒，并将 0.075mm 筛放在水中(使水面略高于筛内颗粒)来回摇动，以充分洗除小于 0.075mm 的颗粒，而后将两只筛上余留的颗粒和容器中已经洗净的试样一并装入浅盘，置于温度为(105±5)℃烘箱中烘干至恒重，取出冷却至室温后，称取试样的质量 m_1。

5. 含泥量计算

碎石或砾石的含泥量按式(2-6)计算，计算结果精确至 0.1%。以两次试验的算术平均值作为测定值，当两次结果的差值超过0.2%时，应重新取样进行试验。对于沥青路面用集料，此含泥量记为小于0.075mm颗粒含量。

$$Q_n=\frac{m_0-m_1}{m_0}\times 100\% \tag{2-6}$$

式中：Q_n——碎石或砾石的含泥量(%)；

m_0——试验前烘干试样的质量(g)；

m_1——试验后烘干试样的质量(g)。

6. 泥块含量试验步骤

(1)另取试样一份，用4.75mm筛将试样过筛，称出筛去4.75mm以下颗粒后的试样质量m_2。

(2)将试样在容器中摊平，加水使水面高出试样表面，24h后将水放掉，用手捻压泥块，然后将试样放在2.36mm筛上用水冲洗，直至洗出的水清澈为止。

(3)小心地取出2.36mm筛上的试样，置于温度为(105±5)℃的烘箱中烘干至恒重，取出冷却至室温后，称取试样的质量m_3。

7. 泥块含量计算

碎石或砾石中黏土泥块含量按式(2-7)计算，结果精确至0.1%。以两个试样两次试验结果的算术平均值作为测定值，两次结果的差值超过0.1%时，应重新取样进行试验。

$$Q_k=\frac{m_2-m_3}{m_2}\times 100\% \tag{2-7}$$

式中：Q_k——碎石或砾石中的黏土泥块含量(%)；

m_2——4.75mm筛的筛余量(g)；

m_3——试验后烘干试样的质量(g)。

三、密度及吸水率试验(网篮法)

1. 目的与适用范围

本方法适用于测定各种粗集料的表观相对密度、表干相对密度、毛体积相对密度、表观密度、表干密度、毛体积密度，以及粗集料的吸水率。

2. 仪器设备

(1)天平或浸水天平：可悬挂吊篮测定集料在水中的质量，应满足试样数量称量要求，感量不大于最大称量的0.05%。

(2)吊篮：由耐锈蚀材料制成，直径和高度均为150mm左右，四周及底部用1～2mm的筛网编制或具有密集的孔眼。

(3)溢流水槽：在称量水中质量时能保持水面高度一定。

(4)烘箱：能控温在(105±5)℃。

(5)其他：温度计、毛巾、标准筛、盛水容器等。

3. 试样准备

(1)将试样用标准筛过筛以除去其中的细集料，对较粗的粗集料可用4.75mm筛过筛，对 2.36～4.75mm 的集料，或者混在 4.75mm 以下石屑中的粗集料，则用 2.36mm 标准筛过筛。用四分法或分料器法缩分至要求的质量，并分成两份备用。对沥青路面用粗集料，应对不同规格的集料分别测定，不得混杂，所取的每一份集料试样应基本保持原有的级配。在测定 2.36～4.75mm 的粗集料时，在试验过程中应特别小心，不得丢失集料。

(2)经缩分后供测定密度和吸水率的粗集料质量应符合表 2-4 中的规定。

表 2-4　测定密度和吸水率所需要的试样最小质量

公称最大粒径(mm)	75	63	37.5	31.5	26.5	19	16	9.5	4.75
每一份试样的最小质量(kg)	3	3	2	1.5	1.5	1	1	1	0.8

(3)将每一份集料试样浸泡在水中，并适当搅动，仔细洗去附在集料表面的尘土和石粉，经多次漂洗干净至水完全清澈为止，在清洗过程中不得散失集料颗粒。

4. 试验步骤

(1)取试样一份装入干净的搪瓷盘中，注入洁净的水，水面至少应高出试样 20mm，轻轻搅动石料，使附着于石料上的气泡完全逸出。在室温下保持浸水 24h。

(2)将吊篮挂在天平的吊钩上，浸入溢流水槽中，向溢流水槽中注水，水面高度至水槽的溢流孔，将天平调零。吊篮的筛网应保证集料不会通过筛孔流失，对 2.36～4.75mm 粗集料应更换小孔筛网，或在吊篮中加放入一个浅盘。

(3)调节水温至 15～25℃。将试样移入吊篮中。溢流水槽中的水面高度由水槽的溢流孔控制，保持不变。称取集料的水中质量 m_w。

(4)提起吊篮，稍稍滴水后，较粗的粗集料可以直接倒在不滴水的湿毛巾上，将较细的粗集料(2.36～4.75mm)连同浅盘一起取出，稍稍倾斜搪瓷盘，小心倒出余水，将粗集料倒在不滴水的湿毛巾上，用毛巾吸走从集料中漏出的自由水。此步骤需特别注意，不得有颗粒丢失，或有小颗粒附在吊篮上。再用不滴水的湿毛巾轻轻擦拭集料颗粒的表面水，至表面看不到发亮的水迹，即为饱和面干状态。当粗集料尺寸较大时，宜逐颗擦干。注意对于较粗的粗集料，拧湿毛巾时不要太用力，防止拧得太干；对于较细的、含水较多的粗集料，毛巾可以拧得稍干些。擦颗粒的表面水时，既要将表面水擦掉，又不能将颗粒内部的水吸出。整个过程不得有集料丢失，且已擦干的集料不得继续在空气中放置，以防止集料干燥。

(5)立即在保持表干的状态下，称取集料的表干质量 m_f。

(6)将集料置于浅盘中，放入(105±5)℃烘箱中烘干至恒重，取出浅盘，放入带盖的容器中冷却至室温，称取集料的烘干质量 m_a。

(7)对同一规格的集料应平行试验两次，取其平均值作为试验结果。

5. 试验结果计算

(1)集料的表观相对密度 γ_a、表干相对密度 γ_s、毛体积相对密度 γ_b 分别按式(2-8)～式(2-10)计算，结果精确至小数点后 3 位：

$$\gamma_a=\frac{m_a}{m_a-m_w} \tag{2-8}$$

$$\gamma_s=\frac{m_f}{m_f-m_w} \tag{2-9}$$

$$\gamma_b=\frac{m_a}{m_f-m_w} \tag{2-10}$$

式中：γ_a——集料的表观相对密度，无量纲；

γ_s——集料的表干相对密度，无量纲；

γ_b——集料的毛体积相对密度，无量纲；

m_a——集料的烘干质量(g)；

m_f——集料的表干质量(g)；

m_w——集料的水中质量(g)。

(2)集料的吸水率以烘干试样为基准，按式(2-11)计算，结果精确至0.01%。

$$w_x=\frac{m_f-m_a}{m_a}\times 100\% \tag{2-11}$$

式中：w_x——粗集料的吸水率(%)。

(3)粗集料的表观密度(视密度)ρ_a、表干密度ρ_s、毛体积密度ρ_b分别按式(2-12)～式(2-14)计算，精确至小数点后3位。不同水温条件下测量的粗集料表观密度需进行水温修正，不同试验温度下水的密度ρ_T按表2-5选用。

$$\rho_a=\gamma_a\times\rho_T \tag{2-12}$$

$$\rho_s=\gamma_s\times\rho_T \tag{2-13}$$

$$\rho_b=\gamma_b\times\rho_T \tag{2-14}$$

式中：ρ_a——粗集料的表观密度(g/cm³)；

ρ_s——粗集料的表干密度(g/cm³)；

ρ_b——粗集料的毛体积密度(g/cm³)。

(4)应进行两次平行试验，以试验结果的算术平均值作为测定值。两次试验所得相对密度的结果相差不得超过0.02，所得吸水率的结果相差不得超过0.2%，否则应重新进行试验。

四、堆积密度及空隙率试验

1. 目的与适用范围

本试验测定粗集料的堆积密度，包括在自然堆积状态、振实状态、捣实状态下的堆积密度，以及在堆积状态下的空隙率。

2. 仪器设备

(1)容量筒：适用于粗集料堆积密度测定的容量筒应符合表2-5中的要求。

(2)天平或台秤：感量不大于称量的0.1%。

(3)烘箱：能控温在(105±0.5)℃。

(4)捣棒：直径 16mm，长 600mm、一端为圆头的钢棒。

(5)振动台：频率为(3000±200)次/min，负荷下的振幅为 0.35mm，空载时的振幅为 0.5mm。

表 2-5　容量筒的规格要求

粗集料公称最大粒径(mm)	容量筒容积(L)	容量筒规格(mm)			筒壁厚度(mm)
		内径	净高	底厚	
≤4.75	3	155±2	160±2	5.0	2.5
9.5～26.5	10	205±2	305±2	5.0	2.5
31.5～37.5	15	255±5	295±5	5.0	3.0
≥53	20	355±5	305±5	5.0	3.0

3. 试样制备

按表 2-4 中的取样方法取样、缩分，质量满足试验要求，在(105±0.5)℃的烘箱中烘干，也可以摊在洁净的地面上风干，拌匀后分成两份备用。

4. 试验步骤

(1)自然堆积密度

取试样 1 份，置于平整干净的水泥地(或铁板)上，用平头铁锹铲起试样，使石子自由落入容量筒内。此时，从铁锹的齐口至容量筒上口的距离应保持 50mm 左右，装满容量筒并除去凸出筒口表面的颗粒，并以合适的颗粒填入凹陷空隙，使表面稍凸起部分和凹陷部分的体积大致相等，称取试样和容量筒总质量 m_2。

(2)振实密度

按堆积密度试验步骤，将装满试样的容量筒放在振动台上，振动 3min，或者将试样分三层装入容量筒：装入第一层后，在筒底垫放一根直径为 25mm 的圆钢筋，将容量筒按住，左右交替颠击地面各 25 下；然后装入第二层，用同样方法颠实(但筒底所垫钢筋的方向应与第一层放置的方向垂直)；最后装入第三层，如法颠实。待三层试样装填完毕后，加料填到试样超出容量筒口，用钢筋沿筒口边缘滚转，刮下高出筒口的颗粒，用合适的颗粒填平凹处，使表面稍凸起部分和凹陷部分体积大致相等，称取试样和容量筒总质量 m_2。

(3)捣实密度

根据沥青混合料的类型和公称最大粒径，确定起骨架作用的关键性筛孔(通常为 4.75mm 或 2.36mm 等)。将矿料混合料中此筛孔以上颗粒筛出，作为试样装入符合规格要求规格的容器中达到 1/3 的高度，由边至中用捣棒均匀捣实 25 次。再向容器中装入 1/3 高度的试样，用捣棒均匀地捣实 25 次，捣实深度约至下层的表面。然后重复上一步骤，装入最后一层，捣实 25 次，使集料与容器口齐平。用合适的集料充填表面的大空隙，用直尺大体刮平，目测估计表面凸起部分和凹陷部分体积大致相等，称取试样和容量筒总质量 m_2。

(4)容器容积的标定

用水装满容量筒，测量水温，擦干筒外壁的水分，称取容量筒与水的总质量 m_w，并按水的密度对容量筒的容积作校正。

5. **试验结果计算**

(1)容量筒的容积按式(2-15)计算：

$$V=\frac{m_w-m_1}{\rho_T} \tag{2-15}$$

式中：V——容量筒的容积(L)；

m_1——容量筒的质量(kg)；

m_w——容量筒与水的总质量(kg)；

ρ_T——试验温度为 T 时水的密度，按表 2-5 选用。

(2)堆积密度(包括在自然堆积状态、振实状态、捣实状态下的堆积密度)按式(2-16)计算至小数后 2 位：

$$\rho=\frac{m_2-m_1}{V} \tag{2-16}$$

式中：ρ——与各种状态相对应的堆积密度(t/m³)；

m_1——容量筒的质量(kg)；

m_2——容量筒与试样的总质量(kg)；

V——容量筒的容积(L)。

(3)水泥混凝土用粗集料在振实状态下的空隙率按式(2-17)计算：

$$V_c=\left(1-\frac{\rho}{\rho_a}\right)\times 100\% \tag{2-17}$$

式中：V_c——水泥混凝土用粗集料的空隙率(%)；

ρ_a——粗集料的表观密度(t/m³)；

ρ——按振实法测定的粗集料的堆积密度(t/m³)。

(4)沥青混合料用粗集料骨架在捣实状态下的间隙率按式(2-18)计算：

$$VCA_{DRC}=\left(1-\frac{\rho}{\rho_b}\right)\times 100\% \tag{2-18}$$

式中：VCA_{DRC}——在捣实状态下粗集料骨架的间隙率(%)；

ρ_b——粗集料的毛体积密度(t/m³)；

ρ——按捣实法测定的粗集料的自然堆积密度(t/m³)。

(5)以两次平行试验结果的平均值作为测定值。

五、针片状颗粒含量(规准仪法)

1. **目的与适用范围**

(1)本试验适用于测定水泥混凝土使用的 4.75mm 以上的粗集料的针状及片状颗粒含量，以百分率计。

(2)本试验方法测定的针片状颗粒，是指使用专用规准仪测定的粗集料颗粒的最小厚度(或直径)方向与最大长度(或宽度)方向的尺寸之比小于一定比例的颗粒。

(3)本方法测定的粗集料中针片状颗粒的含量,可用于评价集料的形状及其在工程中的适用性。

2. 仪器设备

(1)针状和片状规准仪。

(2)天平或台秤:感量不大于称量值的0.1%。

(3)标准筛。

3. 试样准备

将试样在室内风干至表面干燥,并用四分法或分料器法缩分至满足表2-6中所规定的质量,称量m_0,然后筛分成表2-6中所规定的粒级备用。

表2-6　针片状颗粒试验用的试样最小质量

公称最大粒径(mm)	37.5	37.5	37.5	31.5	26.5	19	16	9.5
试样最小质量(kg)	10	10	10	5	3	2	1	0.3

4. 试验步骤

(1)目测挑出接近立方体形状的规则颗粒,将目测有可能属于针片状颗粒的集料按表2-6中所规定的粒级用规准仪逐个对试样进行针状颗粒测定,挑出颗粒长度大于针状规准仪上相应间距而不能通过者,为针状颗粒。

(2)将通过针状规准仪上相应间距的非针状颗粒逐粒对试样进行片状颗粒鉴定,挑出厚度小于片状规准仪上相应孔宽且能通过者,为片状颗粒。

(3)称量由各粒级挑出的针片状颗粒的质量,其总质量为m_1。

5. 试验结果计算

按式(2-19)计算碎石或砾石中针片状颗粒含量,精确至0.1%。如有需要,可以分别计算针状颗粒和片状颗粒的含量。

$$Q_e=\frac{m_1}{m_0}\times 100\% \tag{2-19}$$

式中:Q_e——试样的针片状颗粒含量(%);

m_1——试样中所含针状与片状颗粒的总质量(g);

m_0——试样总质量(g)。

六、针片状颗粒含量试验(游标卡尺法)

1. 目的与适用范围

(1)本试验适用于测定粗集料的针状及片状颗粒含量,以百分率计。

(2)本试验方法测定的针片状颗粒,是指用游标卡尺测定的粗集料颗粒的最大长度(或宽度)方向与最小厚度(或直径)方向的尺寸之比大于3的颗粒。当有特殊要求采用其他比例时,应在试验报告中注明。

(3)本试验方法测定的粗集料中针片状颗粒的含量,可用于评价集料的形状和抗压碎能力,以及评定石料厂的生产水平及该材料在工程中的适用性。

2. 仪器设备

(1)游标卡尺:精密度为0.1mm。

(2)天平:感量不大于1g。

(3)标准筛:4.75mm方孔筛。

3. 试验步骤

(1)按分料器法或四分法选取1kg左右的试样。对每种规格的粗集料,应按照不同的公称粒径,分别取样检验。

(2)用4.75mm标准筛将试样过筛,取筛上部分以供试验用,称取试样的总质量m_0,精确至1g,试样质量应不少于800g,并且数量不少于100颗。

(3)将试样平摊于桌面上,首先目测挑出接近立方体的颗粒,剩下的可能属于针片状颗粒。

(4)将欲测量的颗粒放在桌面上成一稳定的状态,颗粒平面方向的最大长度为L,侧面厚度的最大尺寸为t,颗粒最大宽度为$w(t<w<L)$,用卡尺逐个测量石料的L及t,将$\frac{L}{t}\geqslant 3$的颗粒分别挑出作为针片状颗粒。称取针片状颗粒的质量m_1,精确至1g。

4. 试验结果计算

(1)按式(2-20)计算针片状颗粒含量,精确至0.1%。如有需要,可以分别计算针状颗粒和片状颗粒的含量。

$$Q_e=\frac{m_1}{m_0}\times 100\% \qquad (2-20)$$

式中:Q_e——试样的针片状颗粒含量(%);

m_1——试样中所含针状与片状颗粒的总质量(g);

m_0——试样的总质量(g)。

(2)试验平行测定两次,计算两次结果的算术平均值。若两次结果之差小于平均值的20%,取平均值为试验值;若大于或等于20%,应追加测定一次,取3次结果的算术平均值为测定值。

七、粗集料压碎值试验

1. 目的与适用范围

集料压碎值用于衡量石料在逐渐增加荷载的情况下抵抗压碎的能力,是衡量石料力学性能的指标,以评定其在公路工程中的适用性。

2. 仪器设备

(1)石料压碎值仪:由内径150mm、两端开口的钢制圆形试筒、压柱和底板组成。试筒内壁、压柱的底面及底板的上表面等与石料接触的表面都应进行热处理,使其表面硬化,达到维氏硬度65°并保持光滑状态。

(2)金属棒:直径10mm,长450~600mm,一端加工成半球形。

(3)天平:感量不大于1g。

(4)标准筛:筛孔尺寸13.2mm、9.5mm、2.36mm方孔筛各1个。

(5)压力机:至少500kN量程,能在10min内达到400kN。

(6)金属筒：圆柱形，内径 112.0mm，高 179.4mm，容积 1767mL。

3. 试样制备

(1)采用风干试样，用 13.2mm 和 9.5mm 标准筛过筛，取 9.5～13.2mm 的试样 3 组各约 3000g，以供试验用。当过于潮湿需加热烘干时，烘箱温度不得超过 100℃，烘干时间不超过 4h。在试验前，石料应冷却至室温。

(2)每次试验的石料数量应满足按下述方法夯击后石料在金属筒内的深度为 100mm。

(3)在金属筒内确定石料数量的方法如下：

将试样分 3 次(每次数量大体相同)均匀装入试模中，每次均将表面整平，用金属棒半球面端从石料表面上均匀捣实 25 次。最后用金属棒作为直刮刀将表面仔细整平。称取金属筒内的试样质量 m_0。以相同质量的试样进行压碎值的平行试验。

4. 试验步骤

(1)将金属筒安放在底板上。

(2)将质量为 m_0 的试样分 3 次(每次数量大体相同)均匀装入压碎值仪试筒内，每次均将试样表面整平，用金属棒半球面端从石料表面上均匀捣实 25 次。最后用金属棒作为直刮刀将表面仔细整平。

(3)将装有试样的压碎值仪放到压力机上，同时加压头放入金属筒内石料面上，注意压头摆平，勿楔挤试模侧壁。

(4)开动压力机，均匀施加荷载，在 10min 左右的时间内达到总荷载 400kN，稳压 5s，然后卸载。

(5)将试模从压力机上取下，取出试样。

(6)用 2.36mm 标准筛筛分经压碎的全部试样，可分多次筛分，均需筛到 1min 时间内无明显筛出物为止。

(7)称取通过 2.36mm 筛孔的全部细料质量 m_1，精确至 1g。

5. 试验结果计算

石料压碎值按式(2－21)计算，精确至 0.1%。以 3 个试样平行试验结果的算术平均值作为压碎值的测定值。

$$Q'_a=\frac{m_1}{m_0}\times 100\% \tag{2-21}$$

式中：Q'_a——石料压碎值(%)；

m_1——试验后通过 2.36mm 筛孔的细料质量(g)；

m_0——试验前试样质量(g)。

八、粗集料磨耗试验(洛杉矶法)

1. 目的与适用范围

(1)本试验测定在标准条件下粗集料抵抗摩擦、撞击的能力，以磨耗损失(%)表示。

(2)本试验方法适用于各种等级规格集料的磨耗试验。

2. 仪器设备

(1)洛杉矶磨耗试验机：圆筒内径(710±5)mm，内侧长(510±5)mm，两端封闭，投料口的钢盖通过紧固螺栓和橡胶垫与钢筒紧密封闭。钢筒的回转速率为 30～33r/min。

(2)钢球:直径约 46.8mm,质量为 390～445g,大小稍有不同,以便组合成符合要求的总质量。

(3)其他:台秤(感量 5g),标准筛(符合要求标准筛系列,以及 1.7mm 方孔筛 1 个),烘箱,容器等。

3. 试样步骤

(1)将不同规格的集料用水冲洗干净,置于烘箱中烘干至恒重。

(2)对所使用的集料,根据实际情况按表 2-7 选择最接近的粒级类别,确定相应的试验条件,按规定的粒级组成备料、筛分。其中水泥混凝土用集料宜采用 A 级粒度;对沥青路面及各种基层、底基层的粗集料,表 2-7 中的 16mm 筛孔也可用 13.2mm 筛孔代替。对非规格材料,应根据材料的实际粒度,从表 2-7 中选择最接近的粒级类别及试验条件。

表 2-7　粗集料洛杉矶试验条件

粒度类型	粒级组成(mm)	试样质量(g)	试样总质量(g)	钢球数量(个)	钢球总质量(g)	转动次数(转)	规格	公称粒径
A	26.5～37.5 19.0～26.5 16.0～19.0 9.5～16.0	1250±25 1250±25 1250±10 1250±10	5000±10	12	5000±25	500		
B	19.0～26.5 16.0～19.0	2500±10 2500±10	5000±10	11	4850±25	500	S6 S7 S8	15～30 10～30 10～25
C	9.5～16.0 4.75～9.5	2500±10 2500±10	5000±10	8	3330±20	500	S9 S10 S11 S12	10～20 10～15 5～15 5～10
D	2.36～4.75	5000±10	5000±10	6	2500±15	500	S13 S14	3～10 3～5
E	63～75 53～63 37.5～53	2500±50 2500±50 5000±50	10000±100	12	5000±25	1000	S1 S2	40～75 40～60
F	37.5～53 26.5～37.5	5000±50 5000±25	10000±75	12	5000±25	1000	S3 S4	30～60 25～50
G	26.5～37.5 19.0～26.5	5000±25 5000±25	10000±50	12	5000±25	1000	S5	20～40

注:① 表中 16mm 可用 13.2mm 代替。

② A 级适用于未筛碎石混合料及水泥混凝土用集料。

③ C 级中 S12 可全部采用 4.74～9.5mm 颗粒 5000g;S9 及 S10 可全部采用 9.5～16.0mm 颗粒 5000g。

④ 当 E 级中 S2 中缺 63～75mm 颗粒时,可用 53～63mm 颗粒代替。

(3)分级称量(准确至 5g),称取总质量 m_1,装入磨耗机圆筒中。

(4)选择钢球,使钢球的数量及总质量符合表 2-8 中的规定。将钢球加入钢筒中,盖好筒盖,紧固密封。

(5)将计数器调整到零位,设定要求的回转次数,对水泥混凝土用集料,回转次数为 500 转,对沥青混合料用集料,回转次数应符合表 2-8 中的要求。开动磨耗机,以 30～33r/min 转速转动至要求的回转次数为止。

(6)取出钢球,将经过磨耗后的试样从投料口倒入接收容器(搪瓷盘)中。

(7)将试样用 1.7mm 的方孔筛过筛,筛去试样中被撞击磨碎的细屑。

(8)用水冲洗干净留在筛上的碎石,置于(105±5)℃烘箱中烘干至恒重,冷却至室温后,称取试样的质量 m_2。

4. 试验结果计算

按式(2-22)计算磨耗损失,精确至 0.1%。取两次平行试验结果的算术平均值作为测定值,两次试验的差值应不大于 2%,否则须重新进行试验。

$$Q=\frac{m_1-m_2}{m_1}\times 100\% \tag{2-22}$$

式中:Q——洛杉矶磨耗损失(%);

m_1——装入圆筒试样的质量(g);

m_2——试验后在 1.7mm 筛上洗净烘干的试样质量(g)。

九、粗集料对沥青黏附性试验

1. 目的和适用范围

(1)沥青与矿料黏附性试验是根据沥青黏附在粗集料表面的薄膜在一定温度下,受水的作用产生剥离的程度,以判断沥青与集料表面的黏附性能。

(2)本试验适用于测定沥青与粗集料的黏附性及评定集料的抗水剥离能力。对于最大粒径大于 13.2mm 的集料应用水煮法,对于最大粒径小于或等于 13.2mm 的集料应用水浸法进行试验,当同一种料源中的集料的最大粒径既有大于 13.2mm,又有小于 13.2mm 的时,取大于 13.2mm 水煮法试验为标准,对细粒式沥青混合料以水浸法试验为标准。

2. 仪器设备

(1)天平:称量 500g,感量不大于 0.01g。

(2)恒温水槽:能保持温度在(80±1)℃。

(3)拌和用小型容器:500mL。

(4)烧杯:1000mL。

(5)试验架。

(6)细线:尼龙线或棉线、铜丝线。

(7)铁丝网。

(8)标准筛:方孔筛,9.5mm、13.2mm、19mm 各 1 个。

(9)烘箱:装有自动温度调节器。

(10)电炉、燃气炉。

(11)玻璃板:200mm×200mm 左右。

(12)搪瓷盘:300mm×400mm 左右。

(13)其他:拌和铲、石棉网、纱布、手套等。

3. 水煮法(适用于最大料径大于 13.2mm 粗集料的试验方法)

(1)准备工作

① 将集料用 13.2mm、19mm 标准筛过筛,取粒径 13.2～19mm 形状接近立方体的规则集料 5 个,用洁净水洗净,置于温度为(105±5)℃的烘箱中烘干,然后放入干燥器中备用。

② 将大烧杯中盛入水,并置于加热炉的石棉网上煮沸。

(2)试验步骤

① 将集料逐个用细线在中部系牢,再置于(105±5)℃烘箱内 1h。准备沥青试样。

② 逐个用线提起加热的矿料颗粒,浸入预先加热的沥青(石油沥青 130～150℃、煤沥青 100～110℃)试样中 45s 后,轻轻拿出,使集料颗粒完全为沥青膜所裹覆。

③ 将裹覆沥青的集料颗粒悬挂于试验架上,下面垫一张废纸,使多余的沥青流掉,并在室温下冷却 15min。

④ 待集料颗粒冷却后,逐个用线提起,浸入盛有煮沸水的大烧杯中央,调整加热炉,使烧杯中的水保持微沸状态,但不允许有沸开的泡沫。

⑤ 浸煮 3min 后,将集料从水中取出,适当冷却,然后放入一个盛有常温水的纸杯等容器中,在水中观察矿料颗粒上沥青膜的剥落程度,以评定其粘附性等级。

③ 同一试样应平行试验 5 个集料颗粒,并由两名以上经验丰富的试验人员分别评定后,取平均等级作为试验结果。

4. 水浸法(适用于最大料径小于或等于 13.2mm 粗集料的试验方法)

(1)准备工作

① 将集料用 9.5mm、13.2mm 标准筛过筛,取粒径 9.5～13.2mm 形状规则的集料 200g,用洁净水洗净,并置于温度为(105±5)℃的烘箱中烘干,然后放入干燥器中备用。

② 准备沥青试样加热至与矿料的拌和温度。

③ 将煮沸过的热水注入恒温水浴中,维持(80±1)℃恒温。

(2)试验步骤

① 按四分法称取集料颗粒(9.5～13.2mm)100g 置于搪瓷盘中,连同搪瓷盘一起放入已升温至沥青拌和温度以上 5℃的烘箱中持续加热 1h。

② 按每 100g 矿料加入沥青(5.5±0.2)g 的比例称取沥青,精确至 0.1g。放入小型拌和容器中,一起置入同一烘箱中加热 15min。

③ 将搪瓷盘中的集料倒入拌和容器的沥青中后,从烘箱中取出拌和容器,立即用金属铲均匀拌和 1～1.5min,使集料完全被沥青薄膜裹覆;然后立即取出裹有沥青的集料 20 个,用小铲移至玻璃板上摊开,并置室温下冷却 1h。

④ 将放有集料的玻璃板浸入温度为(80±1)℃的恒温水槽中:保持 30min,并将剥离及

浮于水面的沥青，用纸片捞出。

⑤ 从水中小心取出玻璃板，浸入水槽内的冷水中，仔细观察裹覆集料的沥青薄膜的剥落情况。由两名以上经验丰富的试验人员分别目测，评定剥离面积的百分率，评定后取平均值表示。

⑥ 由剥离面积百分率评定沥青与集料粘附性的等级，见表 2-8 所列。

表 2-8 沥青与集料黏附性的等级

试验后在石料表面上沥青膜剥落情况	黏附性等级
沥青膜完全保存，剥落面积百分率接近 0	5
沥青膜少部分为水所移动，厚度不均匀，剥落面积百分率小于 10%	4
沥青膜局部明显为水所移动，基本上保留在石料表面，剥落面积百分率小于 30%	3
沥青膜大部分为水所移动，局部保留在石料表面，剥落面积百分率大于 30%	2
沥青膜完全为水所移动，石料基本裸露，沥青全浮于水面上	1

十、含水率快速试验(酒精燃烧法)

1. 目的与适用范围

快速测定碎石或砾石的含水率。

2. 仪器设备

(1)天平：称量 1000g，感量不大于 1g；

(2)容器：铁或铝制浅盘；

(3)容积大于 50mL 的量筒或量杯；

(4)酒精：普通工业酒精。

3. 试验步骤

(1)取洁净容器，称其质量(m_0)。

(2)向干净的容器中加入约 500g 试样，称取试样与容器的合质量 m_1。

(3)向容器中的试样加入酒精约 50mL，拌和均匀后点火燃烧，并不断翻拌试样，待火焰熄灭后，过 1min 再加入酒精约 50mL，仍按上述步骤进行。

(4)待第二次火焰熄灭后，称取干试样与容器的合质量 m_2。

4. 试验结果计算

粗集料的含水率按式(2-23)计算，精确至 0.1%。以两次平行试验结果的算术平均值作为测定值。

$$\omega=\frac{m_1-m_2}{m_2-m_0}\times 100\% \tag{2-23}$$

式中：ω——粗集料的含水率(%)；

m_0——容器质量(g)；

m_1——烧干前试样与容器的合质量(g)；

m_2——烧干后试样与容器的合质量(g)。

第二节 细集料试验方法

一、细集料筛分试验

1. 目的与适用范围

本试验测定细集料(天然砂、人工砂、石屑)的颗粒级配及粗细程度。对水泥混凝土用细集料可采用干筛法,如果有需要也可以采用水洗法筛分。对沥青混合料及基层用细集料必须采用水洗法筛分。

2. 仪器设备

(1)仪具:标准筛;

(2)天平:感量不大于0.5g;

(3)摇筛机;

(4)烘箱;

(5)浅盘和毛刷等。

3. 试样制备

根据样品中的最大粒径,选用适宜的标准筛,通常为9.5mm筛(水泥混凝土用天然砂)或4.75mm筛(沥青路面及基层用天然砂、石屑、机制砂等)筛除其中超粒径的材料。然后将样品在潮湿状态下充分拌匀,用分料器法或四分法缩分至每份不少于550g的试样两份,在(105±5)℃烘箱中烘干至恒重,冷却至室温后备用。

4. 干筛法试验步骤

(1)准确称取烘干试样约500g(m_1),准确至0.5g,置于套筛中最上面的标准筛,即4.75mm筛,将套筛装入摇筛机,摇筛约10min,然后取出套筛,再按筛孔大小顺序,从最大的筛号开始,在清洁的浅盘上逐个进行手筛,直到每分钟的筛出量不超过筛上剩余量的0.1%时为止,将筛出通过的颗粒并入下一号筛,和下一号筛中的试样一起过筛,以此顺序进行至各号筛全部筛完为止。

(2)称量各筛筛余试样的质量,精确至0.5g。所有各筛的分计筛余量和底盘中剩余量的总量与筛分前的试样总量,相差不得超过后者的1%。

5. 水洗法试验步骤

(1)称取烘干试样约500g(m_1),准确至0.5g,将试样置于一洁净容器中,加入足够量的洁净水,将集料全部淹没。

(2)用搅棒充分搅动集料,将集料表面洗涤干净,使细粉悬浮在水中,但不得有集料从水中溅出。

(3)用1.18mm筛及0.075mm筛组成套筛。仔细将容器中混有细粉的悬浮液徐徐倒出,经过套筛流入另一容器中,但不得将集料倒出。

(4)重复步骤(1)～步骤(3),直到倒出的水洁净且小于0.075mm的颗粒全部倒出。

(5)将容器中的集料倒入搪瓷盘中,用少量水冲洗,使容器上黏附的集料颗粒全部进入搪瓷盘中。将筛子反扣过来,用少量的水将筛上的集料冲入搪瓷盘中。操作过程中不得有集料散失。

(6)将搪瓷盘连同集料一起置于(105±5)℃烘箱中烘干至恒重,冷却至室温后,称取干燥集料试样的总质量 m_2,准确至 0.1%。m_1 与 m_2 之差即为通过 0.075mm 筛的集料质量。

(7)将全部符合要求的标准筛组成套筛(但不需要 0.075mm 筛),将已经洗去小于 0.075mm 部分的干燥集料置于套筛上(通常为 4.75mm 筛),将套筛装入摇筛机,摇筛约 10min,然后取出套筛,再按筛孔大小顺序,从最大的筛号开始,在清洁的浅盘上逐个进行手筛,直至每分钟的筛出量不超过筛上剩余量的 0.1%时为止,将筛出通过的颗粒并入下一号筛,和下一号筛中的试样一起过筛,这样顺序进行,直至各号筛全部筛完为止。

(8)称量各筛筛余试样的质量,精确至 0.5g。所有各筛的分计筛余量和底盘中剩余量的总量与筛分前的试样总量 m_2 的差值,相差不得超过后者的 1%。

6. 试验结果计算

(1)计算分计筛余百分率:各号筛的分计筛余百分率为各号筛上的筛余量除以试样总量 m_1 的百分率,结果精确至 0.1%。

(2)计算累计筛余百分率:各号筛的累计筛余百分率为该号筛及大于该号筛的各号筛的分计筛余百分率之和,结果精确至 0.1%。

(3)计算质量通过百分率:各号筛的质量通过百分率等于 100 减去该号筛的累计筛余百分率,结果精确至 0.1%。

(4)根据各筛的累计筛余百分率或通过百分率,绘制级配曲线。

(5)天然砂的细度模数按式(2-24)计算,结果精确至 0.01:

$$M_x = \frac{(A_{0.15}+A_{0.3}+A_{0.6}+A_{1.18}+A_{2.36})-5A_{4.75}}{100\times A_{4.75}} \tag{2-24}$$

式中:M_x——天然砂的细度模数;

$A_{0.15}, A_{0.3}, \cdots, A_{4.75}$——分别为 0.15mm,…,4.75mm 各筛上累计筛余百分率(%)。

(6)应进行两次平行试验,以试验结果的算术平均值作为测定值。若两次试验所得的细度模数之差大于 0.2,则应重新进行试验。

二、细集料表观密度试验(容量瓶法)

1. 目的和适用范围

本试验用容量瓶法测定细集料(天然砂、石屑、机制砂)在 23℃时对水的表观相对密度和表观密度。本试验方法适用于含有少量大于 2.36mm 颗粒的细集料。

2. 仪器设备

(1)天平:感量不大于 1g;

(2)容量瓶:500mL;

(3)其他:烘箱、浅盘、温度计等。

3. 试样准备

将缩分至 650g 左右的试样在温度为(105±5)℃烘箱中烘干至恒重,放入干燥器内冷却至室温后分成两份备用。

4. **试验步骤**

(1)称取烘干试样约 300g(m_0),装入盛有半瓶洁净水的容量瓶中。

(2)摇转容量瓶,使试样在已保温至(23±1.7)℃的水中充分搅动以排除气泡,塞紧瓶塞,在恒温条件下静置 24h 左右,然后用滴管加水,使水面与瓶颈刻度线齐平,再塞紧瓶塞,擦干瓶外水分,称其总质量 m_2。

(3)倒出瓶中的水和试样,将瓶的内外表面洗净,再向瓶内注入同样温度的洁净水(温差不超过 2℃)至瓶颈刻度线,塞紧瓶塞,擦干瓶外水分,称其总质量 m_1。

4. **试验结果计算**

(1)细集料的表观相对密度按式(2-25)计算,精确至小数点后 3 位:

$$\gamma_a=\frac{m_0}{m_0+m_1-m_2} \tag{2-25}$$

式中:γ_a——细集料的表观相对密度,无量纲;

m_0——试样的烘干质量(g);

m_1——水和容量瓶的总质量(g);

m_2——试样、水和容量瓶的总质量(g)。

(2)表观密度按(2-26)计算,精确至小数点后 3 位:

$$\rho_a=\gamma_a\times\rho_T \tag{2-26}$$

式中:ρ_a——细集料的表观密度(g/cm³);

ρ_T——试验温度 T 下水的密度,按表 2-5 选用(g/cm³)。

(3)应进行两次平行试验,以试验结果的算术平均值作为测定值。若两次试验结果之差大于 0.01g/cm³,则应重新进行试验。

三、细集料密度及吸水率试验(坍落筒法)

1. **目的和适用范围**

(1)本试验用坍落筒测定细集料(天然砂、石屑、机制砂)在 23℃时对水的毛体积相对密度、表观相对密度、表干相对密度(饱和面干相对密度)。

(2)本试验用坍落筒测定细集料(天然砂、石屑、机制砂)处于饱和面干状态时的吸水率。

(3)本试验用坍落筒测定细集料(天然砂、石屑、机制砂)的毛体积密度、表观密度、表干密度(饱和面干密度)。

2. **仪器设备**

(1)天平:称量 1kg,感量不大于 0.1g。

(2)饱和面干试模:上口径 ϕ(40±3)mm,下口径 ϕ(90±3)mm,高(75±3)mm 的坍落度筒。

(3)捣棒:金属棒,ϕ(25±3)mm,质量(340±15)g。

(4)烧杯、容量瓶:500mL。

(5)洁净水:温度(23±1.7)℃。

(6)其他:烘箱、吹风机(手提式)、浅盘、温度计等。

饱和面干试模及捣棒如图 2-1 所示。

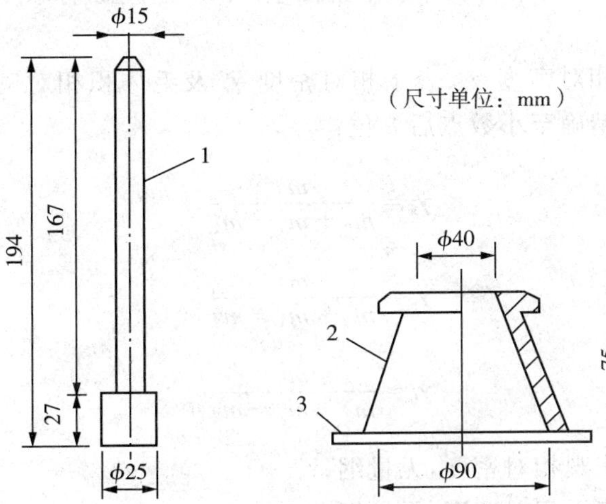

1—捣棒；2—试模；3—玻璃板。

图 2-1 饱和面干试模及捣棒

3. 试样制备

(1)将来样用 2.36mm 标准筛过筛，除去大于 2.36mm 的部分。在潮湿状态下用四分法缩分细集料至每份 1000g，拌匀后分成两份，分别装入浅盘或其他合适的容器中。

(2)注入洁净水，使水面高出试样表面 20mm 左右[测量水温并控制在(23±1.7)℃]，用玻璃棒连续搅拌 5min，以排除气泡，静置 24h。

(3)缓慢地倒去试样上部的水，但不得将细粉倒走，并用吸管吸去余水。

(4)将试样在盘中摊开，用手提吹风机缓缓吹入暖风，并不断翻拌试样，使集料表面的水在各部分均匀蒸发，达到估计的饱和面干状态。注意吹风过程中不得使细粉损失。

(5)然后将试样松散地一次性装入饱和面干试模中，用捣棒轻捣 25 次，捣棒端面距试样表面距离不超过 10mm，使之自由落下，捣完后刮平模口，即使留有空隙也不必再装满。

(6)从垂直方向徐徐提起试模，若试样保留锥形没有坍落，则说明集料中尚含有表面水，应继续按上述方法用暖风干燥、试验，直至试模提起后试样开始出现坍落为止。若试模提起后试样坍落过多，则说明试样已干燥过分，此时应向试样均匀洒水约 5mL，经充分拌匀，并置于加盖的容器中 30min 后，再按上述方法进行试验，至达到饱和面干状态为止。判断饱和面干状态的标准，对天然砂，宜以“在试样中心部分上部成为 2/3 左右的圆锥体，即大致坍落 1/3 左右”作为标准状态；对机制砂和石屑，宜以“当移去坍落度筒第一次出现坍落时的含水率即最大含水率”作为试样的饱和面干状态。

4. 试验步骤

(1)立即称取饱和面干试样约 300g(m_3)。

(2)将试样迅速放入容量瓶中，勿使水分蒸发和集料散失，而后加洁净水至约 450mL 刻度处，转动容量瓶排除气泡后，再仔细加水至 500mL 刻度处，塞紧瓶塞，擦干瓶外水分，称其总质量(m_2)。

(3)全部倒出集料试样，洗净容量瓶的内外，用同样的水[每次需测量水温，宜为(23±

1.7)℃，两次水温相差不大于2℃]，加至500mL刻度处，塞紧瓶塞，擦干容量瓶外的水分，称其总质量(m_1)。将倒出的集料试样烘干至恒重，冷却至室温，称取干样的质量(m_0)。

5. 试验结果计算

(1)细集料的表观相对密度γ_a、表干相对密度γ_s及毛体积相对密度γ_b分别按式(2-27)～式(2-29)计算，精确至小数点后3位：

$$\gamma_a=\frac{m_0}{m_0+m_1-m_2} \tag{2-27}$$

$$\gamma_s=\frac{m_3}{m_3+m_1-m_2} \tag{2-28}$$

$$\gamma_b=\frac{m_0}{m_3+m_1-m_2} \tag{2-29}$$

式中：γ_a——细集料的表观相对密度，无量纲；

γ_s——细集料的表干相对密度，无量纲；

γ_b——细集料的毛体积相对密度，无量纲；

m_1——水、瓶总质量(g)；

m_2——饱和面干试样、水、瓶总质量(g)；

m_3——饱和面干试样质量(g)；

m_0——试样烘干后质量(g)。

(2)细集料的表观密度ρ_a、表干密度ρ_s、毛体积密度ρ_b分别按式(2-30)～式(2-32)计算，精确至小数点后3位。不同水温条件下测量的细集料密度需进行水温修正，不同试验温度下水的密度ρ_T所按表2-5选用。

$$\rho_a=\gamma_a\times\rho_T \tag{2-30}$$

$$\rho_s=\gamma_s\times\rho_T \tag{2-31}$$

$$\rho_b=\gamma_b\times\rho_T \tag{2-32}$$

式中：ρ_a——细集料的表观密度(g/cm³)；

ρ_s——细集料的表干密度(g/cm³)；

ρ_b——细集料的毛体积密度(g/cm³)。

(3)细集料的吸水率以烘干试样为基准，按式(2-33)计算，精确至0.01%：

$$w_x=\frac{m_3-m_0}{m_0}\times100\% \tag{2-33}$$

式中：w_x——细集料的吸水率(%)；

其他符号的意义同上。

(4)毛体积密度及饱和面干密度以两次平行试样结果的算术平均值为测定值，当两次平均值之差大于0.01g/cm³时，应重新进行试验。

(5)吸水率以两次平行试样结果的算术平均值为测定值，当两次平均值之差大于0.02%时，应重新进行试验。

第三节　常用参数试验记录表格

粗集料筛分试验检测记录表(干筛法)

检测单位名称：　　　　　　　　　　　　　　　　　　　　　　　记录编号：

工程名称									
工程部位/用途									
样品信息	样品名称： 样品状态：				样品编号： 来样时间：				
试验检测日期					试验条件				
检测依据					判定依据				
主要仪器设备名称及编号									
试验序号									平均通过率(%)
干燥试样总质量(g)									
筛孔尺寸(mm)	留筛质量(g)	分计筛余(%)	累计筛余(%)	通过率(%)	留筛质量(g)	分计筛余(%)	累计筛余(%)	通过率(%)	
筛分后总质量(g)									
损耗(g)									
损耗率(%)									
附加声明：									

检测：　　　　　记录：　　　　　复核：　　　　　　　　　　日期：　　　年　　月　　日

粗集料筛分试验检测记录表(水洗法)

检测单位名称：　　　　　　　　　　　　　　　　　　　　记录编号：

工程名称										
工程部位/用途										
样品信息		样品名称： 样品状态：				样品编号： 来样时间：				
试验检测日期						试验条件				
检测依据						判定依据				
主要仪器设备名称及编号										
干燥试样总质量(g)										平均
水洗后筛上总质量(g)										
水洗后0.075mm筛下质量(g)										
0.075mm通过率(%)										
筛孔尺寸(mm)		筛上质量(g)	分计筛余(%)	累计筛余(%)	通过百分率(%)	筛上质量(g)	分计筛余(%)	累计筛余(%)	通过百分率(%)	通过率平均值(%)
水洗后干筛法筛分										
	筛底									
干筛后总质量(g)										
损耗质量(g)										
损耗率(%)										
扣除损耗后总质量(g)										
附加声明：										

检测：　　　　记录：　　　　复核：　　　　　　　　日期：　　年　　月　　日

粗集料密度及吸水率试验检测记录表(网篮法)

检测单位名称：　　　　　　　　　　　　　　　　　　　　　　　　　　　　记录编号：

工程名称			
工程部位/用途			
样品信息	样品名称： 样品状态：	样品编号： 来样时间：	
试验检测日期		试验条件	
检测依据		判定依据	
主要仪器设备名称及编号			
试验次数			
样品在水中质量(g)			
饱和面干试样质量(g)			
烘干试样质量(g)			
表观相对密度测值			
表观相对密度测定值			
表干相对密度测值			
表干相对密度测定值			
毛体积相对密度测值			
毛体积相对密度测定值			
试验水温(℃)			
水在试验温度为 T时的密度(g/cm^3)			
表观密度(g/cm^3)			
表干密度(g/cm^3)			
毛体积密度(g/cm^3)			
吸水率测值(%)			
吸水率测定值(%)			
附加声明：			

检测：　　　　　　记录：　　　　　　复核：　　　　　　　　　　日期：　　　年　　月　　日

粗集料密度及吸水率试验检测记录表(容量瓶法)

检测单位名称：　　　　　　　　　　　　　　　　　　　　记录编号：

工程名称			
工程部位/用途			
样品信息	样品名称： 样品状态：	样品数量： 来样时间：	
试验检测日期		试验条件	
检测依据		判定依据	
主要仪器设备名称及编号			

样品编号	容量瓶号	瓶、玻璃片、水与试样		瓶、玻璃片与水		试样表干质量(g)	烘干试样质量(g)	集料表观相对密度	集料表观相对密度平均值	集料毛体积相对密度	集料毛体积相对密度平均值	集料表干相对密度	集料表干相对密度平均值	集料的吸水率(%)	集料的吸水率平均值(%)
		总质量(g)	试验时水温(℃)	总质量(g)	试验时水温(℃)										

附加声明：

检测：　　　　记录：　　　　复核：　　　　　　　　　　日期：　　年　　月　　日

粗集料堆积密度及空隙率试验检测记录表

检测单位名称：　　　　　　　　　　　　　　　　　　　　　　　　　　记录编号：

<table>
<tr><td>工程名称</td><td colspan="10"></td></tr>
<tr><td>工程部位/用途</td><td colspan="10"></td></tr>
<tr><td>样品信息</td><td colspan="10">样品名称：　　　　　　　　样品数量：
样品状态：　　　　　　　　来样时间：</td></tr>
<tr><td>试验检测日期</td><td colspan="5"></td><td>试验条件</td><td colspan="4"></td></tr>
<tr><td>检测依据</td><td colspan="5"></td><td>判定依据</td><td colspan="4"></td></tr>
<tr><td>主要仪器设备名称及编号</td><td colspan="10"></td></tr>
<tr><td rowspan="2">试验次数</td><td rowspan="2">容量筒质量(g)</td><td colspan="3">容量筒的容积</td><td colspan="3">集料堆积密度</td><td colspan="2">空隙率</td><td>试验状态</td></tr>
<tr><td>容量筒与水的总质量(g)</td><td>试验时水温(℃)</td><td>容量筒容积(mL)</td><td>容量筒与试样的总质量(g)</td><td>集料堆积密度(g/cm^3)</td><td>集料堆积密度平均值(g/cm^3)</td><td>单值(%)</td><td>平均值(%)</td><td>自然堆积状态、振实状态、捣实状态</td></tr>
<tr><td></td><td></td><td></td><td></td><td></td><td></td><td></td><td rowspan="2"></td><td></td><td rowspan="2"></td><td rowspan="2"></td></tr>
<tr><td></td><td></td><td></td><td></td><td></td><td></td><td></td><td></td></tr>
<tr><td></td><td></td><td></td><td></td><td></td><td></td><td></td><td rowspan="2"></td><td></td><td rowspan="2"></td><td rowspan="2"></td></tr>
<tr><td></td><td></td><td></td><td></td><td></td><td></td><td></td><td></td></tr>
<tr><td colspan="11">附加声明：</td></tr>
</table>

检测：　　　　　记录：　　　　　复核：　　　　　　　　　　　　　　日期：　　年　　月　　日

粗集料针片状颗粒含量试验检测记录表

检测单位名称： 记录编号：

工程名称			
工程部位/用途			
样品信息	样品名称： 样品状态：	样品编号： 来样时间：	
试验检测日期		试验条件	
检测依据		判定依据	
主要仪器设备名称及编号			

规准仪法					
试样总质量(g)					
筛孔径(mm)					
留筛质量(g)					
针状颗粒质量(g)					
片状颗粒质量(g)					
针片状颗粒质量(g)					
针片状颗粒含量(%)					

游标卡尺法

试验次数	集料总质量(g)	针片状颗粒的质量(g)	针片状颗粒含量(%)	平均值(%)

附加声明：

检测： 记录： 复核： 日期： 年 月 日

粗集料压碎值试验检测记录表

检测单位名称：　　　　　　　　　　　　　　　　　　　　　　　　　　　记录编号：

工程名称					
工程部位/用途					
样品信息	样品名称： 样品状态：		样品编号： 来样时间：		
试验检测日期			试验条件		
检测依据			判定依据		
主要仪器设备名称及编号					
试样编号	测试序号	试验前试样质量(g)	2.36mm 筛下集料质量(g)	集料压碎值(%)	集料压碎值平均值(%)
附加声明：					

检测：　　　　　　记录：　　　　　　复核：　　　　　　　　　　日期：　　　年　　月　　日

粗集料磨耗率试验检测记录表(洛杉矶法)

检测单位名称： 记录编号：

<table>
<tr><td>工程名称</td><td colspan="7"></td></tr>
<tr><td>工程部位/用途</td><td colspan="7"></td></tr>
<tr><td>样品信息</td><td colspan="7">样品名称： 样品编号：
样品状态： 来样时间：</td></tr>
<tr><td>试验检测日期</td><td colspan="3"></td><td colspan="2">试验条件</td><td colspan="2"></td></tr>
<tr><td>检测依据</td><td colspan="3"></td><td colspan="2">判定依据</td><td colspan="2"></td></tr>
<tr><td>主要仪器设备名称及编号</td><td colspan="7"></td></tr>
<tr><td>试验次数</td><td>公称
粒级</td><td>转数
(r)</td><td>钢球
质量
(g)</td><td>原始试样
质量
(g)</td><td>洗筛后
试样质量
(g)</td><td>集料
磨耗值
(%)</td><td>集料磨耗值
平均值
(%)</td></tr>
<tr><td></td><td rowspan="10"></td><td></td><td></td><td></td><td></td><td></td><td rowspan="2"></td></tr>
<tr><td></td><td></td><td></td><td></td><td></td><td></td></tr>
<tr><td></td><td></td><td></td><td></td><td></td><td></td><td rowspan="2"></td></tr>
<tr><td></td><td></td><td></td><td></td><td></td><td></td></tr>
<tr><td></td><td></td><td></td><td></td><td></td><td></td><td rowspan="2"></td></tr>
<tr><td></td><td></td><td></td><td></td><td></td><td></td></tr>
<tr><td></td><td></td><td></td><td></td><td></td><td></td><td rowspan="2"></td></tr>
<tr><td></td><td></td><td></td><td></td><td></td><td></td></tr>
<tr><td></td><td></td><td></td><td></td><td></td><td></td><td rowspan="2"></td></tr>
<tr><td></td><td></td><td></td><td></td><td></td><td></td></tr>
<tr><td colspan="8">附加声明：</td></tr>
</table>

检测： 记录： 复核： 日期： 年 月 日

粗集料破碎砾石含量试验检测记录表

检测单位名称：　　　　　　　　　　　　　　　　　　　　　　　　　　　　记录编号：

工程名称				
工程部位/用途				
样品信息	样品名称：　　　　样品编号： 样品状态：　　　　来样时间：			
试验检测日期		试验条件		
检测依据		判定依据		
主要仪器设备名称及编号				
试验次数				
9.5mm 筛下部分	试样质量(g)			破碎砾石含量(%)
	满足一个破碎面要求的集料的质量(g)			
	不满足一个破碎面要求的集料的质量(g)			
	难以判断是否满足一个破碎面要求的试样质量(g)			
	满足两个破碎面要求的集料的质量(g)			
	不满足两个破碎面要求的集料的质量(g)			
	难以判断是否满足两个破碎面要求的试样质量(g)			
	具有一个以上破碎面砾石占集料总量的百分率(%)			
	具有两个以上破碎面砾石占集料总量的百分率(%)			
9.5mm 筛上部分	试样质量(g)			破碎砾石含量(%)
	满足一个破碎面要求的集料的质量(g)			
	不满足一个破碎面要求的集料的质量(g)			
	难以判断是否满足一个破碎面要求的试样质量(g)			
	满足两个破碎面要求的集料的质量(g)			
	不满足两个破碎面要求的集料的质量(g)			
	难以判断是否满足两个破碎面要求的试样质量(g)			
	具有一个以上破碎面砾石占集料总量的百分率(%)			
	具有两个以上破碎面砾石占集料总量的百分率(%)			
具有一个以上破碎面砾石占集料总量的百分率平均值(%)				
具有两个以上破碎面砾石占集料总量的百分率平均值(%)				
附加声明：				

检测：　　　　记录：　　　　复核：　　　　　　　　日期：　　年　　月　　日

细集料筛分试验检测记录表(干筛法)

检测单位名称：　　　　　　　　　　　　　　　　　　　　　　　　　记录编号：

工程名称									
工程部位/用途									
样品信息	样品名称： 样品状态：				样品编号： 来样时间：				
试验检测日期					试验条件				
检测依据					判定依据				
主要仪器设备名称及编号									
试验序号									平均通过率(%)
干燥试样总质量(g)									
筛孔尺寸(mm)	留筛质量(g)	分计筛余(%)	累计筛余(%)	通过率(%)	留筛质量(g)	分计筛余(%)	累计筛余(%)	通过率(%)	
筛分后总质量(g)									
损耗质量(g)									
损耗率(%)									
细度模数									
附加声明：									

检测：　　　　　记录：　　　　　复核：　　　　　　　　　　日期：　　　年　　月　　日

细集料筛分试验检测记录表(水洗法)

检测单位名称：　　　　　　　　　　　　　　　　　　　　　记录编号：

工程名称										
工程部位/用途										
样品信息		样品名称： 样品状态：				样品编号： 来样时间：				
试验检测日期						试验条件				
检测依据						判定依据				
主要仪器设备名称及编号										
干燥试样总质量(g)										平均
水洗后筛上总质量(g)										
水洗后 0.075mm 筛下质量(g)										
0.075mm 通过率(%)										
筛孔尺寸(mm)		筛上质量(g)	分计筛余(%)	累计筛余(%)	通过百分率(%)	筛上质量(g)	分计筛余(%)	累计筛余(%)	通过百分率(%)	通过率平均值(%)
水洗后干筛法筛分										
	筛底									
干筛后总质量(g)										
损耗质量(g)										
损耗率(%)										
扣除损耗后总质量(g)										
附加声明：										

检测：　　　　　　记录：　　　　　　复核：　　　　　　　　　　日期：　　　年　　月　　日

细集料密度试验检测记录表(容量瓶法)

检测单位名称：　　　　　　　　　　　　　　　　　　　　　　　　记录编号：

<table>
<tr><td>工程名称</td><td colspan="10"></td></tr>
<tr><td>工程部位/用途</td><td colspan="10"></td></tr>
<tr><td>样品信息</td><td colspan="10">样品名称：　　　　　　　　　样品编号：
样品状态：　　　　　　　　　来样时间：</td></tr>
<tr><td>试验检测日期</td><td colspan="4"></td><td colspan="2">试验条件</td><td colspan="4"></td></tr>
<tr><td>检测依据</td><td colspan="4"></td><td colspan="2">判定依据</td><td colspan="4"></td></tr>
<tr><td>主要仪器设备名称及编号</td><td colspan="10"></td></tr>
<tr><td rowspan="2">试验次数</td><td rowspan="2">试样的烘干质量(g)</td><td rowspan="2">容量瓶编号</td><td colspan="2">试样、水及容量瓶</td><td colspan="2">水及容量瓶</td><td colspan="2">细集料的表观相对密度</td><td colspan="2">细集料的表观密度</td></tr>
<tr><td>总质量(g)</td><td>试验时水温(℃)</td><td>总质量(g)</td><td>试验时水温(℃)</td><td>单值</td><td>平均值</td><td>单值(g/cm^3)</td><td>平均值(g/cm^3)</td></tr>
<tr><td></td><td></td><td></td><td></td><td></td><td></td><td></td><td></td><td></td><td></td><td></td></tr>
<tr><td></td><td></td><td></td><td></td><td></td><td></td><td></td><td></td><td></td><td></td><td></td></tr>
<tr><td></td><td></td><td></td><td></td><td></td><td></td><td></td><td></td><td></td><td></td><td></td></tr>
<tr><td></td><td></td><td></td><td></td><td></td><td></td><td></td><td></td><td></td><td></td><td></td></tr>
<tr><td colspan="11">附加声明</td></tr>
</table>

检测：　　　　记录：　　　　复核：　　　　　　　日期：　　年　　月　　日

细集料密度、吸水率试验检测记录表(坍落筒法)

检测单位名称：　　　　　　　　　　　　　　　　　　　　　　　　　　记录编号：

工程名称			
工程部位/用途			
样品信息	样品名称： 样品状态：	样品编号： 来样时间：	
试验检测日期		试验条件	
检测依据		判定依据	
主要仪器设备名称及编号			
试验次数			
试样的烘干质量 m_0(g)			
水、容量瓶总质量 m_1(g)			
试样、水、容量瓶总质量 m_2(g)			
饱和面干试样质量 m_3(g)			
表观相对密度			
表观相对密度测定值			
表干相对密度			
表干相对密度测定值			
毛体积相对密度			
毛体积相对密度测定值			
水的温度(℃)			
温度修正系数			
表观密度测定值(g/cm^3)			
表干密度测定值(g/cm^3)			
毛体积密度测定值(g/cm^3)			
吸水率(%)			
吸水率测定值(%)			
附加声明：			

检测：　　　　　记录：　　　　　复核：　　　　　　　　日期：　　年　　月　　日

第三章 石灰试验检测技术

石灰中有效氧化钙是指活性游离的氧化钙。它不同于总钙量，因为有效氧化钙不包括碳酸钙、硅酸盐及其他钙盐中的钙。石灰中有效氧化钙含量是能溶解于蔗糖溶液中，并能与蔗糖作用而生成蔗糖钙的氧化钙含量占原试样的质量百分率。其原理是活性游离氧化钙与蔗糖化合成在水中溶解度较大的蔗糖钙，而其他钙盐则不与蔗糖作用，故利用不同的反应条件，用已知浓度的盐酸进行滴定（用酚酞指示剂），根据盐酸达到终点时的耗量，可以计算出有效氧化钙的含量。石灰中的氧化镁含量不容易直接测定，而是采用 EDTA 滴定法，先测定钙镁含量，然后测定出钙含量与钙镁含量的差值，通过计算确定氧化镁的含量。石灰质量的好坏主要决定于有效氧化钙和氧化镁含量，它们的含量越高，则石灰黏结性越好。

本章中的试验方法依据《公路工程无机结合料稳定材料试验规程》(JTG E51—2009)中的规定。

第一节 试验方法

一、石灰有效氧化钙含量试验

1. 目的和适用范围

石灰的质量好坏主要取决于有效氧化钙和氧化镁的含量，它们的含量越高，则石灰黏结性越好。测定石灰的有效氧化钙含量，是为了判定其质量好坏及所属的质量级别。本试验方法适用于测定各种石灰的有效氧化钙含量。

2. 仪器设备

(1)试验筛：0.15mm，1个。

(2)烘箱：50～250℃，1台。

(3)干燥器：ϕ25cm，1个。

(4)称量瓶：ϕ30mm×50mm，10个。

(5)瓷研钵：ϕ12～13cm，1个。

(6)分析天平：0.0001g，1台。

(7)电子天平：感量 0.1g，1 台。

(8)电炉：1500W，1 个。

(9)石棉网：20cm×20cm，1 块。

(10)玻璃珠：ϕ3mm，1 袋(0.25kg)。

(11)具塞三角瓶：250mL，20 个。

(12)漏斗：短颈，3 个。

(13)塑料洗瓶：1 个。

(14)塑料桶：20L，1 个。

(15)下口蒸馏水瓶：5000mL，1 个。

(16)三角瓶：300mL，10 个。

(17)容量瓶：250mL、1000mL，各 1 个

(18)量筒：200mL、100mL、50mL、5mL，各 1 个。

(19)试剂瓶：250mL、1000mL，各 5 个。

(20)塑料试剂瓶：1L，1 个。

(21)烧杯：50mL，5 个；250mL(或 300mL)，10 个

(22)棕色广口瓶：60mL，4 个；250mL，5 个。

(23)滴瓶：60mL，3 个。

(24)酸滴定管：50mL，2 支。

(25)滴定台及滴定管夹：各 1 套。

(26)大肚移液管：25mL、50mL，各 1 支。

(27)表面皿：7cm，10 块。

(28)玻璃棒：8mm×250mm 及 4mm×180mm，各 10 支。

(29)试剂勺：5 个。

(30)吸水管：8mm×150mm，5 支。

(31)洗耳球：大、小各 1 个。

3. 试剂制备

(1)蔗糖(分析纯)。

(2)酚酞指示剂：称取 0.5g 酚酞溶于 50mL 95%乙醇中。

(3)0.1%甲基橙水溶液：称取 0.05g 甲基橙溶于 50mL 蒸馏水(40～50℃)中。

(4)盐酸标准溶液：将 42mL 浓盐酸(相对密度 1.19)稀释至 1L，按下述方法标定其摩尔浓度后备用。称取 0.8～1.0g(精确至 0.0001g)已在 180℃烘干 2h 的碳酸钠，置于 250mL 三角瓶中，加 100mL 水使其完全溶解；然后加入 2～3 滴 0.1%甲基橙指示剂，用待标定的盐酸标准溶液滴定，至碳酸钠溶液由黄色变为橙红色；将溶液加热至微沸，并保持微沸 3min，然后放在冷水中冷却至室温，如此时橙红色变为黄色，则再用盐酸标准溶液滴定，至溶液出现稳定橙红色时为止。盐酸标准溶液的摩尔浓度按式(3-1)计算：

$$M = m/(V \times 0.053) \tag{3-1}$$

式中：M——盐酸标准溶液摩尔浓度(moL/L)；

m——称取碳酸钠的质量(g)；

V——滴定时盐酸标准溶液的消耗量(mL)。

0.053——碳酸钙毫克当量。

4. **试样制备**

(1)生石灰试样：将生石灰样品打碎，使颗粒不大于1.18mm。拌和均匀后用四分法缩减至200g左右，放入瓷研钵中研细；再经四分法缩减几次至剩下20g左右。研磨所得石灰样品，使之通过0.15mm的筛。从所得细样中均匀挑取10余克，置于称量瓶中于105℃下烘干至恒重，保存于干燥器中，供试验用。

(2)消石灰试样：将消石灰样品用四分法缩减至10余克。若有大颗粒存在，须在瓷研钵中磨细至不均匀颗粒消失为止。置于称量瓶中于105℃下烘干至恒重，保存于干燥器中，供试验用。

5. **试验步骤**

(1)称取约0.5g(用减量法称取，精确至0.0001g)试样，放入干燥的250mL具塞三角瓶中，取5g蔗糖覆盖在试样表面，投入干玻璃珠15粒，迅速加入新煮沸并已冷却的蒸馏水50mL，立即加塞振荡15min(若有试样结块或黏于瓶壁现象，则应重新取样)。

(2)打开瓶塞，用水冲洗瓶塞及瓶壁，加入2～3滴酚酞指示剂，以约0.5moL/L盐酸标准溶液滴定(滴定速度以每秒2～3滴为宜)，至溶液的粉红色显著消失并在30s内不再复现为终点，记录滴管中盐酸标准溶液的消耗量。

6. **试验结果计算**

(1)有效氧化钙的百分含量按式(3-2)计算：

$$X=\frac{V\times M\times 0.028}{m}\times 100\% \tag{3-2}$$

式中：X——有效氧化钙的百分含量(%)；

V——滴定时盐酸标准溶液的消耗量(mL)；

m——试样质量(g)；

M——盐酸标准溶液摩尔浓度(moL/L)；

0.028——氧化钙毫克当量。

(2)对同一石灰样品至少应准备两份试样，进行两次测定，并取两次结果平均值为最终结果。

二、石灰氧化镁含量试验

1. **目的和适用范围**

本试验方法适用于测定各种石灰中氧化镁的总含量。按氧化镁含量可将石灰划分为钙质石灰或镁质石灰。

2. 仪器设备

所用仪器设备同有效氧化钙的测定用设备。

3. 试剂制备

(1)(1∶10)盐酸:将1体积盐酸(相对密度1.19)用10体积蒸馏水稀释。

(2)氢氧化铵-氯化铵缓冲溶液(pH=10):将67.5g氯化铵溶于300mL无二氧化碳的蒸馏水中,加浓氢氧化铵(相对密度为0.90)570mL,然后用水稀释至1000mL。

(3)酸性铬蓝K-萘酚绿B(1∶2.5)混合指示剂:称取0.3g酸性铬蓝K和0.75g奈酚绿B与50g已于105℃烘干的硝酸钾,混合研细,保存于棕色广口瓶中。

(4)EDTA二钠标准溶液:将10g EDTA二钠溶于40~50℃蒸馏水中,待全部溶解并冷却至室温后,用水稀释至1000mL。

(5)氧化钙标准溶液:精确称取1.7848g在105℃烘干(2h)的碳酸钙(优级纯),置于250mL烧杯中,盖上表面皿,从杯嘴缓慢滴加1∶10盐酸100mL,加热溶解。待溶液冷却后,移入1000mL的容量瓶中,用新煮沸冷却后的蒸馏水稀释至刻度摇匀。此溶液每毫升相当于1mg氧化钙。

(6)20%的氢氧化钠溶液:将20g氢氧化钠溶于80mL蒸馏水中。

(7)钙指示剂:将0.2g钙试剂羟酸钠和20g已在105℃烘干的硫酸钾混合研细,保存于棕色广口瓶中。

(8)10%酒石酸钾钠溶液:将10g酒石酸钾钠溶于90mL蒸馏水中。

(9)三乙醇胺(1∶2)溶液:将1体积三乙醇胺以2体积蒸馏水稀释摇匀。

4. 试验步骤

(1)EDTA标准溶液与氧化钙和氧化镁关系的标定

精确吸取V_1=50mL氧化钙标准溶液放于300mL三角瓶中,用水稀释至100mL左右,然后加入钙指示剂约0.2g,以20%氢氧化钠溶液调整溶液碱度到出现酒红色,再过量加3~4mL,然后以EDTA二钠标准溶液滴定,至溶液由酒红色变成纯蓝色时为止,记录EDTA二钠标准溶液体积V_2。

(2)EDTA二钠标准溶液对氧化钙滴定度按式(3-3)计算:

$$T_{CaO}=CV_1/V_2 \tag{3-3}$$

式中:T_{CaO}——EDTA二钠标准溶液对氧化钙的滴定度,1mL的EDTA二钠标准溶液相当于氧化钙的毫克数;

C——1mL氧化钙标准溶液含有氧化钙的毫克数,等于1;

V_1——吸取氧化钙标准溶液体积(mL);

V_2——消耗EDTA标准溶液体积(mL)。

(3)EDTA二钠标准溶液对氧化镁的滴定度T_{MgO},即1mL的EDTA二钠标准液相当于氧化镁的毫克数按式(3-4)计算:

$$T_{MgO}=T_{CaO}\times(40.31/56.08)=0.72T_{CaO} \tag{3-4}$$

(4)称取约0.5g(准确至0.0001g)试样，放入250mL烧杯中，用水湿润，加30mL1∶10盐酸，用表面皿盖住烧杯，加热至微沸并保持微沸8～10min。用水把表面皿洗净，冷却后把烧杯内的沉淀及溶液移入250mL容量瓶中，加水至刻度摇匀。待溶液沉淀后，用移液管吸取25mL溶液，放入250mL三角瓶中，加50mL水稀释后，加酒石酸钾钠溶液1mL、三乙醇胺溶液5mL，再加入氢氧化铵-氯化铵缓冲溶液10mL、酸性铬蓝K-萘酚绿B指示剂约0.1g。用EDTA二钠标准溶液滴定至溶液由酒红色变为纯蓝色时即终止，记下耗用EDTA二钠标准溶液体积V_3。

(5)再从同一容量瓶中，用移液管吸取25mL溶液，置于300mL三角瓶中，加水150mL稀释后，加三乙醇胺溶液5mL及20%氢氧化钠溶液5mL，放入约0.2g钙指示剂。用EDTA二钠标准溶液滴定，至溶液由酒红色变为纯蓝色即终止，记下耗用EDTA二钠标准溶液体积V_4。

5. 试验结果计算

(1)氧化镁的百分含量按式(3-5)计算：

$$X=\frac{T_{MgO}\times(V_3-V_4)\times 10}{m\times 1000}\times 100\% \tag{3-5}$$

式中：X——氧化镁的百分含量(%)；

T_{MgO}——EDTA二钠标准溶液对氧化镁的滴定度；

V_3——滴定钙、镁含量消耗EDTA二钠标准溶液体积(mL)；

V_4——滴定钙消耗EDTA二钠标准溶液体积(mL)；

10——总溶液对分取溶液的体积倍数；

m——试样质量(g)。

(2)对同一石灰样品至少应准备两份试样，进行两次测定。取两次测定结果的平均值为最终结果。

三、石灰有效氧化钙和氧化镁简易测定方法

1. 适用范围

本试验方法适用于氧化镁含量在5%以下的低镁石灰。

2. 仪器设备

(1)方孔筛：0.15mm，1个。

(2)烘箱：50～250℃，1台。

(3)干燥器：ϕ25cm，1个。

(4)称量瓶：ϕ30mm×50mm，10个。

(5)瓷研钵：ϕ12～13cm，1个。

(6)分析天平：量程不小于50g，感量0.0001g，1台。

(7)电子天平：量程不小于500g，感量0.01g，1台。

(8)电炉：1500W，1个。

(9)石棉网:20cm×20cm,1块。

(10)玻璃珠:ϕ3mm,1袋(0.25kg)。

(11)具塞三角瓶:250mL,20个。

(12)漏斗:短颈,3个。

(13)塑料洗瓶:1个。

(14)塑料桶:20L,1个。

(15)下口蒸馏水瓶:5000mL,1个。

(16)三角瓶:300mL,10个。

(17)容量瓶:250mL、1000mL,各1个。

(18)量筒:200mL、100mL、50mL、5mL,各1个。

(19)试剂瓶:250mL、1000mL,各5个。

(20)塑料试剂瓶:1L,1个。

(21)烧杯:50mL,5个;250mL(或300mL),10个。

(22)棕色广口瓶:60mL,4个;250mL,5个。

(23)滴瓶:60mL,3个。

(24)酸滴定管:50mL,2支。

(25)滴定台及滴定管夹:各1套。

(26)大肚移液管:25mL、50mL,各1支。

(27)表面皿:7cm,10块。

(28)玻璃棒:8mm×250mm及4mm×180mm,各1支。

(29)试剂勺:5个。

(30)吸水管:8mm×150mm,5支。

(31)洗耳球:大、小各1个。

3. 试剂制备

(1)1mol/L盐酸标准溶液:取83mL(相对密度1.19)浓盐酸以蒸馏水稀释至1000mL,按下述方法标定其摩尔浓度后备用。

称取已在180℃烘箱内烘干2h的碳酸钠(优级纯或基准级纯)1.5～2.0g(精确至0.0001g),记录为m_0,置于250mL三角瓶中,加100mL水使其完全溶解;然后加入2～3滴0.1%甲基橙指示剂,记录滴定管中待标定的盐酸标准溶液初始体积V_1,用待标定的盐酸标准溶液滴定,至碳酸钠溶液由黄色变为橙红色;将溶液加热至微沸,并保持微沸3min,然后放在冷水中冷却至室温,如此时橙红色变为黄色,再用盐酸标准溶液滴定,至溶液出现稳定橙红色时为止,记录滴定管中盐酸标准溶液体积V_2。V_1与V_2的差值即为盐酸标准溶液的消耗量V。

盐酸标准溶液的摩尔浓度按式(3-6)计算:

$$N=m_0/(V\times 0.053) \tag{3-6}$$

式中:N——盐酸标准溶液的摩尔浓度(mol/L);

m_0——称取碳酸钠的质量(g);

V——滴定时盐酸标准溶液的体积(mL)；

0.053——与1.00mL盐酸标准溶液[$C(HCl)=1.000mol/L$]相当的以克表示的无水碳酸钠的质量。

(2)酚酞指示剂：称取0.5g酚酞溶于50mL 95%的酒精中。

4. 试样制备

(1)生石灰试样：将生石灰样品打碎，使颗粒不大于1.18mm。拌和均匀后用四分法缩减至200g左右，放入瓷研钵中研细。再经四分法缩减至20g左右。研磨所得石灰样品，应通过0.15mm(方孔筛)的筛。从过筛的细样中均匀挑取10余克，置于称量瓶中在105℃烘箱烘至恒量，保存于干燥器中，供试验用。

(2)消石灰试样：将消石灰样品用四分法缩减至10余克。若有大颗粒存在，则须在瓷研钵中磨细至不均匀颗粒完全消失为止。置于称量瓶中在105℃烘箱烘至恒量，保存于干燥器中，供试验用。

5. 试验步骤

(1)迅速称取石灰试样0.8～1.0g(精确至0.0001g)放入300mL三角瓶中，记录试样质量m，加入150mL新煮沸并已冷却的蒸馏水和10颗玻璃珠。瓶口上插一短颈漏斗，使用带电阻的电炉加热5min(调到最高档)，但勿使液体沸腾，放入冷水中迅速冷却。

(2)向三角瓶中滴入酚酞指示剂2滴，记录滴定管中盐酸标准溶液体积V_3，在不断摇动下以盐酸标准溶液滴定，控制速度为2～3滴/s，至粉红色完全消失，稍停，又出现红色，继续滴入盐酸，如此重复几次，直至5min内不再出现红色为止，记录滴定管中盐酸标准溶液体积V_4。V_3、V_4的差值即为盐酸标准溶液的消耗量V_5。若滴定过程持续30min以上，则结果只能作参考。

6. 试验结果计算

有效氧化钙和氧化镁的含量按式(3-7)计算：

$$X=\frac{V_5\times N\times 0.028}{m}\times 100 \tag{3-7}$$

式中：X——有效氧化钙和氧化镁的含量(%)；

V_5——滴定消耗盐酸标准溶液的体积(mL)；

N——盐酸标准溶液的摩尔浓度(mol/L)；

m——试样的质量(g)；

0.028——氧化钙的毫克当量，因氧化镁含量甚少，并且两者的毫克当量相差不大，故有效氧化钙和氧化镁的毫克当量都以氧化钙的毫克当量计算。

7. 结果整理

(1)读数精确至0.1mL。

(2)对同一石灰样品至少应做两个试样和进行两次测定，并取两次测定结果的平均值为最终结果。

第二节　常用参数试验记录表格

石灰有效氧化钙、氧化镁含量试验检测记录表

检测单位名称：　　　　　　　　　　　　　　　　　　　　　　　记录编号：

工程名称			
工程部位/用途			
样品信息	样品名称： 样品状态：	样品数量： 来样时间：	
试验检测日期		试验条件	
检测依据		判定依据	
主要仪器设备名称及编号			

有效氧化钙含量

测试序号	碳酸钠质量 Q（g）	滴定管初读数（mL）	滴定管终读数（mL）	滴定碳酸钠所消耗的盐酸体积 V_1（mL）	盐酸摩尔浓度测定 N（mol/L）	盐酸摩尔浓度平均值 N（mol/L）	石灰试样的质量 G_1（g）	滴定管初读数（mL）	滴定管终读数（mL）	滴定石灰试样所消耗的盐酸体积 V_2（mL）	石灰中有效氧化钙含量 X_1（%）	石灰中有效氧化钙含量平均值（%）

氧化镁含量

测试序号	吸取氧化钙标准溶液体积 V_1（mL）	滴定管初读数（mL）	滴定管终读数（mL）	消耗EDTA标准溶液体积 V_3（mL）	EDTA二钠标准溶液对氧化钙的滴定度 T_{CaO}	EDTA二钠标准溶液对氧化钙的滴定度平均值 T_{CaO_1}	EDTA二钠标准溶液对氧化镁的滴定度 T_{MgO}	试样质量 G_2（g）	滴定管初读数（mL）	滴定管终读数（mL）	滴定钙、镁含量消耗EDTA二钠标准溶液体积 V_1（mL）	滴定管初读数（mL）	滴定管终读数（mL）	滴定钙消耗EDTA二钠标准溶液体积 V_4（mL）	氧化镁含量 X_2（%）	氧化镁含量平均值（%）

附加声明：

检测：　　　　记录：　　　　复核：　　　　　　　　日期：　　年　　月　　日

石灰有效氧化钙＋氧化镁含量试验(简易法)检测记录表

检测单位名称：　　　　　　　　　　　　　　　　　　　　　　　　　记录编号：

工程名称			
工程部位/用途			
样品信息	样品名称： 样品状态：	样品数量： 来样时间：	
试验检测日期		试验条件	
检测依据		判定依据	
主要仪器设备名称及编号			

有效氧化钙含量												
测试序号	碳酸钠质量 Q (g)	滴定管初读数 (mL)	滴定管终读数 (mL)	滴定碳酸钠所消耗的盐酸体积 V_1 (mL)	盐酸摩尔浓度测定 N	盐酸摩尔浓度平均值 N	石灰试样的质量 G_1 (g)	滴定管初读数 (mL)	滴定管终读数 (mL)	滴定石灰试样所消耗的盐酸体积 V_2 (mL)	石灰中氧化钙含量 X_1 (%)	石灰中氧化钙含量平均值 (%)

附加声明：

检测：　　　　记录：　　　　复核：　　　　　　　　　　　　日期：　　年　　月　　日

第四章 沥青与沥青混合料

沥青是一种典型的有机胶凝材料，采用沥青作为胶结材料的沥青路面是我国主要的路面形式之一。沥青又是一种对温度变化极为敏感的感温性材料，其性能表现与环境状况密切相关。沥青混合料是矿料(包括碎石、石屑、砂和填料)与沥青结合料经混合拌制而成的混合料总称，其中粗细集料起骨架作用，沥青与填料起胶结填充作用。全面了解沥青与沥青混合料的试验检测操作，是试验检测领域中的一项重要工作。

沥青的常用的试验参数有软化点、针入度、延度、密度、溶解度、闪点与燃点、老化试验等;沥青混合料常用的试验参数有马歇尔击实试验、混合料密度、稳定度与流值、沥青含量、车辙、理论最大相对密度、混合料矿料级配等

本章中试验方法依据《公路工程沥青及沥青混合料试验规程》JTG E20—2011 中的规定。

第一节 沥青试验检测方法

一、试验前沥青试样的准备方法

1. 目的与适用范围

(1)本试验规定了取样的沥青试样在试验前的准备方法。

(2)本试验方法适用于黏稠道路石油沥青、煤沥青、聚合物改性沥青等需要加热后才能进行试验的沥青试样，按此法准备的沥青供立即在试验室进行各项试验使用。

(3)本试验方法也适用于对乳化沥青试样进行各项性能测定。每个样品的数量根据需要而定，常规测定不宜少于 600g。

2. 仪器设备

(1)烘箱:200℃，装有温度控制调节器。

(2)加热炉具:电炉。

(3)滤筛:筛孔孔径 0.6mm。

(4)天平:称量 2000g，感量不大于 1g;称量 100g，感量不大于 0.1g。

(5)烧杯:1000mL。

(6)温度计:0～100℃及 200℃，分度为 0.1℃。

(7)沥青盛样器皿。

(8)其他:石棉垫、玻璃棒、溶剂、棉纱等。

3. 试验步骤

(1)将装有试样的盛样器皿带盖放入恒温烘箱中，当石油沥青试样中含有水分时，烘箱

温度 80℃左右，加热至沥青全部熔化后供脱水用。当石油沥青中无水分时，烘箱温度宜为软化点温度以上 90℃，通常为 135℃左右，对取来的沥青试样不得直接采用电炉或燃气炉进行明火加热。

(2)当石油沥青试样中含有水分时，将盛样器皿放在可控的砂浴、油浴、电热套上加热脱水，不得已采用电炉、燃气炉加热脱水时必须加放石棉垫。加热时间不超过 30min，并用玻璃棒轻轻搅拌，防止局部过热。在沥青温度不超过 100℃的条件下，仔细脱水至无泡沫为止，最后的加热温度不宜超过软化点以上 100℃(石油沥青)或 50℃(煤沥青)。

(3)将盛样器皿中的沥青通过 0.6mm 的滤筛过滤，不等冷却立即一次性灌入各项试验模具中。当温度下降太多时，宜适当加热再灌模。根据需要也可将试样分装入擦拭干净且干燥的一个或数个沥青盛样器皿中，数量应满足一批试验项目所需的沥青样品并有富余。

(4)在沥青灌模过程中，如沥青温度下降可放入烘箱中适当加热，试样冷却后反复加热的次数不得超过 2 次，以防止沥青老化影响试验结果。为避免混进气泡，在沥青灌模时不得反复搅动沥青。

(5)灌模剩余的沥青应立即清洗干净，不得重复使用。

二、沥青密度与相对密度试验

1. 目的与适用范围

本试验方法适用于使用比重瓶测定沥青材料的密度与相对密度。非特殊要求，本方法宜在试验温度为 25℃及 15℃下测定沥青密度与相对密度。

2. 仪器设备

(1)比重瓶：玻璃制，瓶塞下部与瓶口须经仔细研磨。容积为 20～30mL，质量不超过 40g。

(2)恒温水槽。

(3)烘箱。

(4)天平：感量不大于 0.001g。

(5)滤筛：0.6mm、2.36mm 各 1 个。

(6)温度计：0～50℃，分度值 0.1℃。

(7)其他：烧杯、真空干燥器、洗液、蒸馏水、表面活性剂等。

3. 试验准备

(1)用洗液、水、蒸馏水先后仔细洗涤比重瓶，然后烘干称其质量 m_1，精确至 0.001g。

(2)将盛有冷却蒸馏水的烧杯浸入恒温水槽中保温，在烧杯中插入温度计，水的深度必须超过比重瓶顶部 40mm 以上。

(3)使恒温水槽及烧杯中蒸馏水达至规定的试验温度±0.1℃。

4. 比重瓶水值的测定步骤

(1)将比重瓶及瓶塞放入恒温水槽中的烧杯里，烧杯底浸没水中的深度应不少于 100mm，烧杯口露出水面，并用夹具将其固牢。

(2)待烧杯中水温再次达到规定温度并保温 30min 后，将瓶塞塞入瓶口，使多余的水由瓶塞上的毛细孔中挤出。注意此时比重瓶内不得有气泡。

(3)将烧杯从水槽中取出，再从烧杯中取出比重瓶，立即用干净软布将瓶塞顶部擦拭一次，再迅速擦干比重瓶外面的水分，称其质量 m_2，准确至1mg。瓶塞顶部只能擦一次，即使由于膨胀瓶塞上有小水滴也不能再擦拭。

(4)以 m_2-m_1 作为试验温度时比重瓶的水质量。

注：应经常校正比重瓶的水值，一般每年至少进行一次。

5. 液体沥青试样的操作步骤

(1)将试样通过筛(0.6mm)后注入干燥比重瓶中至满，不得混入气泡。

(2)将盛有试样的比重瓶及瓶塞移入恒温水槽(测定温度±0.1℃)内盛有水的烧杯中，水面应在瓶口下约40mm处。不得使水浸入瓶内。

(3)待烧杯内的水温达到要求的温度后保温30min，然后将瓶塞塞上，使多余的试样由瓶塞的毛细孔挤出。用蘸有三氯乙烯的棉花擦净孔口挤出的试样，并保持孔中充满试样。

(4)从水中取出比重瓶，立即用干净软布仔细擦去瓶外的水分或黏附的试样(不得再擦孔口)后，称其质量 m_3，精确至3位小数。

6. 黏稠沥青试样的操作步骤

(1)准备沥青试样，沥青的加热温度宜不高于估计软化点以上100℃(石油沥青或聚合物改性沥青)，将沥青小心注入比重瓶中，约至2/3高度。不得使试样黏附在瓶口或上方瓶壁，并防止混入气泡。

(2)取出盛有试样的比重瓶，移入干燥器中，在室温下冷却不少于1h，连同瓶塞称其质量 m_4，精确至3位小数。

(3)将盛有蒸馏水的烧杯放入已达试验温度的恒温水槽中，然后将称量后盛有试样的比重瓶放入烧杯中(瓶塞也放进烧杯中)，等烧杯中的水温达到规定温度后保温30min，使比重瓶中气泡上升到水面，待确认比重瓶已经恒温且无气泡后，再将比重瓶的瓶塞塞紧，使多余的水从塞孔中溢出，此时应不得带入气泡。

(4)取出比重瓶，按前述方法迅速擦干瓶外水分后称其质量 m_5，精确至3位小数。

7. 固体沥青试样的操作步骤

(1)在试验前，若试样表面潮湿，可在干燥、洁净的环境下自然吹干，或置50℃烘箱中烘干。

(2)将50～100g试样打碎，过0.6mm及2.36mm筛。取0.6～2.36mm的粉碎试样不少于5g放入清洁、干燥的比重瓶中，塞紧瓶塞后称其质量 m_6，精确至3位小数。

(3)取下瓶塞，将恒温水槽内烧杯中的蒸馏水注入比重瓶，水面高于试样约10mm，同时加入几滴表面活性剂溶液(如1%的洗衣粉、洗涤灵)，并摇动比重瓶使大部分试样沉入水底，必须使试样颗粒表面所吸附的气泡逸出。摇动时勿使试样摇出瓶外。

(4)取下瓶塞，将盛有试样和蒸馏水的比重瓶置于真空干燥箱(器)中抽真空，逐渐达到真空98kPa(735mmHg)不少于15min。若比重瓶试样表面仍有气泡，可再加几滴表面活性剂溶液，摇动后再抽真空。必要时可反复几次操作，直至无气泡为止。

注：抽真空不宜过快，以防止样品被带出比重瓶。

(5)将保温烧杯中的蒸馏水再注入比重瓶中至满，轻轻塞好瓶塞，再将带塞的比重瓶放入盛有蒸馏水的烧杯中，并塞紧瓶塞。

(6)将装有比重瓶的盛水烧杯再置于恒温水槽(试验温度±0.1℃)中保持至少 30min 后,取出比重瓶,迅速擦干瓶外水分后称其质量 m_7,精确至 3 位小数。

8. 试验结果计算

(1)在试验温度下液体沥青试样的密度和相对密度分别按式(4-1)和式(4-2)计算:

$$\rho_b=\frac{m_3-m_1}{m_2-m_1}\times\rho_w \tag{4-1}$$

$$\gamma_b=\frac{m_3-m_1}{m_2-m_1} \tag{4-2}$$

式中:ρ_b——试样在试验温度下的密度(g/cm³);

γ_b——试样在试验温度下的相对密度;

m_1——比重瓶的质量(g);

m_2——比重瓶与所盛满水时的合质量(g);

m_3——比重瓶与所盛满试样时的合质量(g);

ρ_w——试验温度下水的密度(g/cm³),15℃水的密度为 0.9991g/cm³,25℃水的密度为 0.9971g/cm³。

(2)试验温度下黏稠沥青试样的密度和相对密度分别按式(4-3)和式(4-4)计算:

$$\rho_b=\frac{m_4-m_1}{(m_2-m_1)-(m_5-m_4)}\times\rho_w \tag{4-3}$$

$$\gamma_b=\frac{m_4-m_1}{(m_2-m_1)-(m_5-m_4)} \tag{4-4}$$

式中:m_4——比重瓶与沥青试样的合质量(g);

m_5——比重瓶与试样和水的合质量(g)。

(3)试验温度下固体沥青试样的密度和相对密度分别按式(4-5)和式(4-6)计算:

$$\rho_b=\frac{m_6-m_1}{(m_2-m_1)-(m_7-m_6)}\times\rho_w \tag{4-5}$$

$$\gamma_b=\frac{m_6-m_1}{(m_2-m_1)-(m_7-m_6)} \tag{4-6}$$

式中:m_6——比重瓶与沥青试样的合质量(g);

m_7——比重瓶与试样和水的合质量(g)。

9. 允许误差

(1)对同一试样应平行试验两次,当两次试验结果的差值符合重复性试验的允许误差的要求时,以平均值作为沥青的密度试验结果,并精确至 3 位小数。试验报告应注明试验温度。

(2)对黏稠石油沥青及液体沥青的密度,重复性试验的允许误差为 0.003g/cm³。再现性试验的允许误差为 0.007g/cm³。

(3)对固体沥青,重复性试验的允许误差为 0.01g/cm³,再现性试验的允许误差为 0.02g/cm³。相对密度的允许误差要求与密度的相同(相对密度无量纲)。

三、针入度试验

1. 目的与适用范围

本方法适用于测定道路石油沥青、聚合物改性沥青针入度以及液体石油沥青蒸馏或乳化沥青蒸发后残留物的针入度，以 0.1mm 计。其标准试验条件为温度 25℃，荷重 100g，贯入时间 5s。

2. 仪器设备

(1)针入度仪：针和连杆组合件总质量为(50±0.05)g，另附重(50±0.05)g 砝码一只，试验时总质量为(100±0.05)g。

(2)标准针：由硬化回火的不锈钢制成，洛氏硬度 HRC54～60，表面粗糙度 *Ra*0.2～0.3μm，针及针杆总质量(2.5±0.05)g。针杆上应打印号码标志。

(3)盛样皿、恒温水槽、平底玻璃皿。

(4)溶剂：三氯乙烯等。

3. 试验准备

(1)按本节中“试验前沥青试样的准备方法”准备试样。

(2)按试验要求将恒温水槽调节到要求的试验温度 25℃或 15℃、30℃(或 5℃)，保持稳定。

(3)将试样注入盛样皿中，试样高度应超过预计针入度值 10mm，并盖上盛样皿，以防落入灰尘。盛有试样的盛样皿在 15～30℃室温中冷却不少于 1.5h(小盛样皿)、2h(大盛样皿)或 3h(特殊盛样皿)后，移入保持规定试验温度±0.1℃的恒温水槽中，并应保温不少于 1.5h(小盛样皿)、2h(大盛样皿)或 2.5h(特殊盛样皿)。

(4)调整针入度仪使之水平。检查针连杆和导轨，以确认无水和其他外来物，无明显摩擦。用三氯乙烯或其他溶剂清洗标准针，并擦干。将标准针插入针连杆，用螺钉固紧。按试验条件，加上附加砝码。

4. 试验步骤

(1)取出达到恒温的盛样皿，并移入水温控制在试验温度±0.1℃(可用恒温水槽中的水)的平底玻璃皿中的三脚支架上，试样表面以上的水层深度不小于 10mm。

(2)将盛有试样的平底玻璃皿置于针入度仪的平台上。慢慢放下针连杆，用适当位置的反光镜或灯光反射观察，使针尖恰好与试样表面接触，拉下刻度盘的拉杆，使之与针连杆顶端轻轻接触，将位移计或刻度盘指针复位为零。

(3)开始试验，按下释放键，这时计时与标准针落下贯入试样同时开始，至 5s 时自动停止。

(4)读取刻度盘指针或位移计的读数，精确至 0.1mm。

(5)同一试样平行试验至少 3 次，各测试点之间及与盛样皿边缘的距离不应小于 10mm。每次试验后应将盛有盛样皿的平底玻璃皿放入恒温水槽，使平底玻璃皿中水温保持试验温度。每次试验应换一根干净标准针或将标准针取下用蘸有三氯乙烯溶剂的棉花或布擦净，再用干棉花或布擦干。

(6)测定针入度大于 200 的沥青试样时，至少用 3 支标准针，每次试验后将针留在试样中，直至3次平行试验完成，才能将标准针取出。

(7)测定针入度指数PI时，按同样的方法在15℃、25℃、30℃(或5℃)3个或3个以上(必要时增加10℃、20℃)温度条件下分别测定沥青的针入度，但用于仲裁试验的温度条件应为5个。

5. 试验结果的确定和计算

(1)当同一试样3次平行试验结果的最大值和最小值之差在表4-1所示允许偏差范围内时，计算3次试验结果的平均值，取整数作为针入度的试验结果，以0.1mm为单位。当试验值不符合此要求时，应重新进行。

表4-1 针入度允许偏差

针入度(0.1mm)	0～49	50～149	150～249	250～500
允许差值(0.1mm)	2	4	12	20

5. 允许误差

(1)当试验结果小于50(0.1mm)时，重复性试验的允许误差为2(0.1mm)，再现性试验的允许误差为4(0.1mm)。

(2)当试验结果大于或等于50(0.1mm)时，重复性试验的允许误差为平均值的4%，再现性试验的允许误差为平均值的8%。

四、软化点试验(环球法)

1. 目的与适用范围

本试验方法适用于测定道路石油沥青、聚合物改性沥青的软化点，也适用于测定液体石油沥青、煤沥青蒸馏残留物和乳化沥青蒸发残留物的软化点。

2. 仪器设备

(1)软化点试验仪，部件包括：钢球、试样环、金属支架、耐热玻璃烧杯、温度计。

(2)加热炉具。

(3)试样底板。

(4)恒温水槽。

(5)平直挂刀、甘油滑石粉隔离剂、蒸馏水或纯净水、石棉网等。

3. 试验准备

(1)将试样环置于涂有甘油滑石粉隔离剂(甘油与滑石粉的质量比为2∶1)的试样底板上。将准备好的沥青试样徐徐注入试样环内至略高于环面为止。若估计试样软化点高于120℃，则试样环和试样底板(不用玻璃板)均应预热至80～100℃。

(2)试样在室温冷却30min后，用热刮刀刮除环面上的试样，应使其与环面齐平。

4. 试验步骤

(1)试样软化点在80℃以下者

① 将装有试样的试样环连同试样底板置于装有(5±0.5)℃水的恒温水槽中至少15min，同时将金属支架、钢球、钢球定位环等置于相同水槽中。

② 烧杯内注入新煮沸并冷却至5℃的蒸馏水或纯净水，水面略低于立杆上的深度

标记。

③ 从恒温水槽中取出盛有试样的试样环，并放置在支架中层板的圆孔中，套上定位环；然后将整个环架放入烧杯中，调整水面至深度标记，并保持水温为(5±0.5)℃。环架上任何部分不得附有气泡。将0～100℃的温度计由上层板中心孔垂直插入，使端部测温头底部与试样环下面齐平。

④ 将盛有水和环架的烧杯移至放有石棉网的加热炉具上，然后将钢球放在定位环中间的试样中央，立即开动电磁振荡搅拌器，使水微微振荡，并开始加热，使杯中水温在3min内调节至维持每分钟上升(5±0.5)℃。在加热过程中，应记录每分钟上升的温度值。若温度上升速度超出此范围，则应重做试验。

⑤ 试样受热软化逐渐下坠，至与下层底板表面接触时，立即读取温度，精确至0.5℃。

(2)试样软化点在80℃以上者

① 将装有试样的试样环连同试样底板置于装有(32±1)℃甘油的恒温水槽中至少15min，同时将金属支架、钢球、钢球定位环等也置于装有甘油的恒温水槽中。

② 在烧杯内注入预先加热至32℃的甘油，其液面略低于立杆上深度标记。

③ 从恒温水槽中取出装有试样的试样环，按上述③～⑤的方法进行测定，精确至1℃。

5. 试验结果

对同一试样平行试验两次，当两次测定值的差值符合重复性试验的允许误差要求时，取其平均值作为软化点试验结果，精确至0.5℃。

6. 允许误差

(1)当试样软化点小于80℃时，重复性试验的允许误差为1℃，再现性试验的允许误差为4℃。

(2)当试样软化点大于或等于80℃时，重复性试验的允许误差为2℃，再现性试验的允许误差为8℃。

五、沥青延度试验

1. 目的与适用范围

(1)本试验方法适用于测定道路石油沥青、聚合物改性沥青、液体石油沥青蒸馏残留物和乳化沥青蒸发残留物等材料的延度。

(2)沥青延度的试验温度与拉伸速率可根据要求采用，通常采用的试验温度为25℃、15℃、10℃或5℃，拉伸速度为(5±0.25)cm/min。当低温采用(1±0.5)cm/min拉伸速度时，应在报告中注明。

2. 仪器设备

(1)延度仪：试验专用水槽型设备。

(2)试模：黄铜制，由两个端模和两个侧模组成，其中两个侧模在试验时可以卸掉。

(3)试模底板：玻璃板或磨光的铜板、不锈钢板。

(4)恒温水槽：容量不少于10L，控制温度的精确度为0.1℃。

(5)温度计、砂浴或其他加热炉具。

(6)甘油滑石粉隔离剂、平刮刀、石棉网、酒精等。

3. 试验准备

(1)将隔离剂(甘油与滑石粉的质量比为2：1)拌和均匀,涂在清洁干燥的试模底板和两个侧模的内侧表面,并将试模在试模底板上装妥。

(2)将试样加热至软化点以上90℃,过0.6mm筛充分搅拌至气泡完全排出。

仔细将试样自试模的一端至另一端往返数次缓缓注入试模中,最后略高出试模。灌模时应注意勿使气泡混入。

(3)试件在室温中冷却不少于1.5h,然后用热刮刀刮除高出试模的沥青,使沥青与试模面齐平。沥青的刮法应自试模的中间刮向两端,且表面应刮得平滑。将试模连同底板再放入规定试验温度的水槽中保温1.5h。

(4)检查延度仪延伸速度是否符合规定要求,然后移动滑板使其指针正对标尺的零点。将延度仪注水,并保温达到试验温度±0.1℃。

4. 试验步骤

(1)将保温后的试样连同底板移入延度仪的水槽中,然后将盛有试样的试模自玻璃板或不锈钢板上取下,将试模两端的孔分别套在滑板及槽端固定板上,并取下侧模。水面距试样表面应不小于25mm。

(2)开动延度仪,并注意观察试样的延伸情况。此时应注意,在试验过程中,水温应始终保持在试验温度规定的范围内,且仪器不得有振动,水面不得有晃动,当水槽采用循环水时,应暂时中断循环,停止水流。在试验中,当发现沥青细丝浮于水面或沉入槽底时,应在水中加入酒精或食盐,调整水的密度至与试样相近后,重新进行试验。

(3)当试样被拉断时,读取指针所指标尺上的读数,以cm计。在正常情况下,试样延伸时应成锥尖状,被拉断时实际断面接近于零。若不能得到这种结果,则应在试验报告中注明。

5. 试验结果

(1)对同一试样,每次平行试验不少于3个,若3个测定值均大于100cm,试验结果记作“>100cm”,特殊需要时也可分别记录实测值。

(2)在3个测定结果中,当有一个以上的测定值小于100cm时,若最大值或最小值与平均值之差满足重复性试验要求,则取3个测定结果的平均值的整数作为延度试验结果。

(3)若平均值大于100cm,记作“>100cm”;若最大值或最小值与平均值之差不符合重复性试验要求,应重新进行试验。

6. 允许误差

当试验结果小于100cm时,重复性试验的允许误差为平均值的20%;再现性试验的允许误差为平均值的30%。

六、沥青溶解度试验

1. 目的与适用范围

本方法适用于测定道路石油沥青、聚合物改性沥青、液体石油沥青或乳化沥青蒸发后残留物的溶解度。非经注明,溶剂为三氯乙烯。

2. 仪器设备

(1)分析天平:感量不大于0.1mg。

(2)锥形烧瓶:250mL。

(3)古氏坩埚:50mL。

(4)其他:玻璃纤维滤纸、过滤瓶、洗瓶、烘箱、干燥器、水槽、三氯乙烯等。

3. 试验准备

(1)按“试验前沥青试样的准备方法”准备沥青试样。

(2)将玻璃纤维滤纸置于洁净的古氏坩埚中的底部,用溶剂冲洗滤纸和古氏坩埚,待溶剂挥发后,置于温度为(105±5)℃的烘箱内干燥至恒重(一般为15min),然后移入干燥器中冷却,冷却时间不少于30min,称其质量m_1,精确至0.1mg。

(3)称取已烘干的锥形烧瓶和玻璃棒的质量m_2,精确至0.1mg。

4. 试验步骤

(1)用预先干燥的锥形烧瓶称取沥青试样2g(m_3),精确至0.1mg。

(2)在不断摇动下,分次加入三氯乙烯100mL,直至试样溶解后盖上瓶塞,并在室温下放置至少15min。

(3)将已称质量的滤纸及古氏坩埚,安装在过滤烧瓶上,用少量的三氯乙烯润湿玻璃纤维滤纸;然后,将沥青溶液沿玻璃棒倒入玻璃纤维滤纸中,并以连续滴状速度进行过滤,直至全部溶液滤完。用少量溶剂分次清洗锥形烧瓶,将全部不溶物移至坩埚中。再用溶剂洗涤古氏坩埚的玻璃纤维滤纸,直至滤液无色透明为止。

(4)取出古氏坩埚,置通风处,直至无溶剂气味为止;然后,将古氏坩埚移入温度为(105±5)℃的烘箱中至少20min;同时,将锥形瓶、玻璃棒等也置于烘箱中烘至恒重。

(5)取出古氏坩埚及锥形瓶等置干燥器中冷却(30±5)min后,分别称其质量m_4、m_5,直至连续称量的差不大于0.3mg为止。

5. 试验结果计算

沥青试样的溶解度按式(4-7)计算:

$$S_b=\left[1-\frac{(m_4-m_1)+(m_5-m_2)}{m_3-m_2}\right]\times 100\% \qquad (4-7)$$

式中:S_b——沥青试样的溶解度(%);

m_1——古氏坩埚与玻璃纤维滤纸的合质量(g);

m_2——锥形瓶与玻璃棒的合质量(g);

m_3——锥形瓶、玻璃棒与沥青试样的合质量(g);

m_4——古氏坩埚、玻璃纤维滤纸与不溶物的合质量(g);

m_5——锥形瓶、玻璃棒与黏附不溶物的合质量(g)。

6. 试验结果确定

对同一试样至少平行试验两次,当两次结果之差不大于0.1%时,取其平均值作为试验结果。对于溶解度大于99.0%的试验结果,准确至0.01%;对于溶解度小于或等于99.0%的试验结果,精确至0.1%。

7. 允许误差

当试验结果平均值大于99.0%时，重复性试验的允许误差为0.1%，再现性试验的允许误差为0.26%。

七、沥青闪点与燃点试验(克利夫兰开口杯法)

1. 目的与适用范围

本方法适用于克利夫兰开口杯(简称COC)测定黏稠石油沥青、聚合物改性沥青及闪点在79℃以上的液体石油沥青的闪点和燃点，以评定施工的安全性。

2. 仪器设备

(1)克利夫兰开口杯式闪点仪：用黄铜或铜合金制成，内口直径(63.5±0.5)mm，深(33.6±0.5)mm。

(2)加热板。

(3)温度计、点火器。

(4)铁支架、防风屏。

(5)加热源附有调节器的1kW电炉或燃气炉。

3. 试验准备

(1)试样杯用溶剂洗净、烘干，装于支架上。加热板放在可调电炉上，当用燃气炉时，加热板距炉口约50mm。接好可燃气管道或电源。

(2)安装温度计。将温度计垂直插入试样杯中，温度计的水银球距杯底约6.5mm，位置在与点火器相对一侧距杯缘约16mm处。

(3)将准备好的沥青试样注入试样杯中至标线处，并保持试样杯外部不粘有沥青。

注：试样加热温度不能超过闪点以下55℃。

(4)全部装置应置于室内光线较暗且无显著空气流通的地方，并用防风屏三面围护。

(5)将点火器转向一侧，试验点火，调节火苗成标准球的形状或成直径为(4±0.8)mm的小球形试焰。

4. 试验步骤

(1)开始加热试样，升温速度迅速达到14～17℃/min。待试样温度达到预期闪点前56℃时，调节加热器降低升温速度，以便在预期闪点前28℃时能使升温速度控制在(5.5±0.5)℃/min。

(2)试样温度达到预期闪点前28℃时开始，每隔2℃将点火器的试焰沿试验杯口中心以150mm半径作弧水平扫过一次；从试验杯口的一边至另一边所经过的时间约1s。此时应确认点火器的试焰为直径(4±0.8)mm的火球，并位于坩埚口上方2～2.5mm处。

(3)当试样液面上最初出现一瞬即灭的蓝色火焰时，立即从温度计上读记温度，作为试样的闪点。

(4)继续加热，保持试样升温速度(5.5±0.5)℃/min，并按上述操作要求用点火器点火试验。

(5)当试样接触火焰立即着火，并能继续燃烧不少于5s，停止加热，并读记温度计上的温度，作为试样的燃点。

5. 试验结果确定

(1)对同一试样至少平行试验两次,两次测定结果的差值不超过重复性试验允许误差8℃时,取其平均值的整数作为试验结果。

(2)当试验时大气压在95.3kPa以下时,应对闪点或燃点的试验结果进行修正,详见表4-2。

表4-2 沥青闪点/燃点修正表

大气压	闪点或燃点修正值
95.3~84.5kPa(715~634mmHg)	+2.8℃
84.5~73.3kPa(634~550mmHg)	+5.5℃

八、沥青薄膜加热试验

1. 目的与适用范围

本方法适用于测定道路石油沥青、聚合物改性沥青薄膜加热后的质量变化,并根据需要,测定薄膜加热后残留物的针入度、延度、软化点、黏度等性质变化,以评定沥青的耐老化性。

2. 仪器设备

(1)薄膜加热烘箱。

(2)盛样皿。

(3)温度计。

(4)分析天平、干燥器、计时器等。

3. 试验准备

(1)将洁净、烘干、冷却后的盛样皿编号,称其质量 m_0,精确至1mg。

(2)按"试验前沥青试样的准备方法"准备沥青试样,分别注入4个已称质量的盛样皿中(50±0.5)g,并形成沥青厚度均匀的薄膜,放入干燥器中冷却至室温后称取质量 m_1,准确至1mg。同时按规定的方法,测定沥青试样薄膜加热试验前的针入度、黏度、软化点、脆点及延度等性质,当试验项目需要,预计沥青数量不够时,可增加盛样皿数目,但不允许将不同品种或不同标号的沥青同时放在一个烘箱中试验。

(3)将温度计垂直悬挂于转盘轴上,位于转盘中心,水银球应在转盘顶面上的6mm处,用烘箱加热并保持至(163±1)℃。

4. 试验步骤

(1)把烘箱调整水平,使转盘在水平面上以(5.5±1)r/min的速度旋转,转盘与水平面倾斜角不大于3°,温度计位置距转盘中心和边缘距离相等。

(2)在烘箱达到恒温163℃后,迅速将盛样皿放入烘箱内的转盘上,并关闭烘箱门和开动转盘架;使烘箱内温度回升至162℃时开始计时,并在(163±1)℃温度下保持5h。但从放置试样开始至试验结束的总时间,不得超过5.25h。

(3)试验结束后,从烘箱中取出盛样皿,如果不需要测定试样的质量变化,按步骤(5)进行;如果需要测定试样的质量变化,随机取其中两个盛样皿放入干燥器中冷却至室温后,分

别称其质量 m_2，精确至 1mg。

(4)试样称量后，将盛样皿放回(163±1)℃的烘箱中转动 15min；取出试样，立即按照步骤(5)进行工作。

(5)将每个盛样皿的试样，用刮刀或刮铲刮入一适当容器内，置于加热炉上加热，并适当搅拌使充分融化达流动状态，倒入针入度盛样皿或延度、软化点等试模内，并按规定方法进行针入度等各项薄膜加热试验后残留物的相应试验。若在当日不能进行试验，试样应在容器内，但全部试验必须在加热后 72h 内完成。

5. 试验结果计算

(1)沥青薄膜加热后的质量变化按式(4-8)计算，结果精确至 3 位小数：

$$L_T=\frac{m_2-m_1}{m_1-m_0}\times 100\% \tag{4-8}$$

式中：L_T——试样薄膜加热后的质量变化(%)；

m_0——盛样皿质量(g)；

m_1——薄膜烘箱加热前盛样皿与试样的合质量(g)；

m_2——薄膜烘箱加热后盛样皿与试样的合质量(g)。

(2)沥青薄膜烘箱试验后，残留物针入度比以残留物针入度占原试样针入度的比值按式(4-9)计算：

$$K_p=\frac{P_2}{P_1}\times 100\% \tag{4-9}$$

式中：K_p——试样薄膜加热后残留物针入度比(%)；

P_1——薄膜加热试验前原试样的针入度(0.1mm)；

P_2——薄膜烘箱加热后残留物的针入度(0.1mm)。

(3)沥青薄膜加热试验的残留物软化点增值按式(4-10)计算：

$$\Delta T=T_2-T_1 \tag{4-10}$$

式中：ΔT——薄膜加热试验后软化点增值(℃)；

T_1——薄膜加热试验前软化点(℃)；

T_2——薄膜加热试验后软化点(℃)。

(4)沥青薄膜加热试验黏度比按式(4-11)计算：

$$K_\eta=\frac{\eta_2}{\eta_1} \tag{4-11}$$

式中：K_η——薄膜加热试验前后 60℃黏度比；

η_1——沥青薄膜加热前 60℃黏度(Pa·s)；

η_2——沥青薄膜加热后 60℃黏度(Pa·s)。

(5)沥青老化指数按式(4-12)计算：

$$C=\lg\lg(\eta_2\times10^3)-\lg\lg(\eta_1\times10^3) \quad (4-12)$$

式中：C——沥青薄膜加热试验的老化指数。

6. **注意事项**

本试验的报告应注明下列结果：

(1)质量变化。当两个盛样皿的质量变化符合重复性试验允许误差要求时，取其平均值作为试验结果，精确至3位小数。

(2)根据需要报告残留物的针入度及针入度比、软化点及软化点增值、黏度及黏度比、老化指数、延度、脆点等各项性质的变化。

(3)当薄膜加热后的质量变化小于或等于0.4%时，重复性试验的允许误差为4%，再现性试验的允许误差为16%。

(4)当薄膜加热后的质量变化大于0.4%时，重复性试验的允许误差为平均值的8%，再现性试验的允许误差为平均值的40%。

(5)残留物针入度、软化点、延度、黏度等性质试验的允许误差应符合相应的试验方法的规定。

九、沥青弹性恢复率试验

1. **目的与适用范围**

本试验适用于评价热塑性橡胶类聚合物改性沥青的弹性恢复性能，即测定用延度试验仪拉长一定长度后的可恢复变形的百分率。非经注明，试验温度为25℃，拉伸速率为(5±0.25)cm/min。

2. **仪器设备**

(1)试模：采用延度试验所用试模，但中间部分换为直线侧模。

(2)水槽：能保持规定的试验温度，变化不超过0.1℃，容积不小于10L。

(3)延度试验机。

(4)温度计、剪刀。

3. **试验步骤**

(1)按沥青延度试验方法浇灌改性沥青试样、制模，最后将试样在25℃水槽中保温1.5h。

(2)将试样安装在板上，按延度试验方法以规定的5cm/min的速率拉伸试样达(10±0.25)cm时停止拉伸。

(3)拉伸一停止就立即用剪刀在中间将沥青试样剪断，保持试样在水中1h，并保持水温不变。注意在停止拉伸后至剪断试样之间不得有时间间歇，以免使拉伸应力松弛。

(4)取下两个半截的回缩的沥青试样轻轻捋直，但不得施加拉力，移动滑板使改性沥青试样的尖端刚好接触，测量试样的残留长度为X。

4. **试验结果计算**

按式(4-13)计算弹性恢复率：

$$D=\frac{10-X}{10}\times100\% \quad (4-13)$$

式中：D——试样的弹性恢复率(%)；

X——试样的残留长度(cm)。

第二节 沥青混合料试验检测方法

一、热拌沥青混合料取样方法

1. 目的与适用范围

本方法适用于在拌和厂及道路施工现场采集热拌沥青混合料或常温沥青混合料试样，供施工过程中的质量检验或在试验室测定沥青混合料的各项物理力学性能。所取的试样应有充分的代表性。

2. 仪器设备

(1)铁锹。

(2)手铲。

(3)搪瓷盘或金属盛样容器、塑料编织袋。

(4)其他：温度计、标签、溶剂(煤油)、棉纱等。

3. 确定取样数量

(1)根据试验项目确定试验数量，宜不少于试验用量的2倍。在现场取样(直接装入试模或盛样盒成型)时，也可等量取样。

(2)根据沥青混合料集料的最大粒径，取样应不少于下列数量：

① 细粒式沥青混合料不少于4kg。

② 中粒式沥青混合料不少于8kg。

③ 粗粒式沥青混合料不少于12kg。

④ 特粗型沥青混合料不少于16kg。

(3)当取样材料用于仲裁试验时，取样数量除应满足上述取样方法规定外，还应保留一份代表样，直到仲裁结束。

4. 取样方法

(1)沥青混合料应是随机取样，并具有充分的代表性。用以检查拌和质量(如油石比、矿料级配)时，应从拌和机一次放料的下方或提升斗中取样，不得多次取样并混合后使用。用以评定混合料质量时，必须分多次取样，拌和均匀后作为代表性试样。

(2)在沥青混合料拌和厂取样：在拌和机上取样时，宜用专用的容器(一次可装5～8kg)装在拌和机卸料斗下方，每放一次料取一次样，顺次装入试样容器中，每次倒在清扫干净的平板上，连续几次取样，混合均匀，按四分法取样至足够数量。

在运料车上取样时，宜在汽车装料一半后，分别用铁锹从3个不同方向的3个不同高度处取样，然后混在一起用手铲适当拌和均匀，取出规定数量。在施工现场取样时，应在卸料一半后从不同方向取样，样品宜从3辆不同的车上取样混合使用。

注意：在运料车上取样时不得仅从满载的运料车车顶上取样，且不允许只在一辆车上取样。

(3)在道路施工现场取样:在道路施工现场取样时,应在摊铺后未碾压前,摊铺宽度两侧 1/2～1/3 位置处取样,用铁锹取该摊铺层的料。每摊铺一车料取一次样,连续 3 车取样后,混合均匀按四分法取样至足够数量。

(4)对热拌沥青混合料每次取样时,都必须用温度计测量温度,准确至 1℃。

5. 试样的保存与处理

(1)热拌热铺的沥青混合料试样需要存放时,可在温度下降至 60℃后装入塑料编织袋内,扎紧袋口,并应低温保存,应防止潮湿、淋雨等,且保存时间不要太长。

(2)在进行沥青混合料质量检验或进行物理力学性质试验时,当采集的试样温度下降或结成硬块不符合试验要求时,宜用微波炉或烘箱加热至符合压实的温度,通常加热时间不宜超过 4h,且只允许加热一次,不得重复加热。不得用电炉或燃气炉明火局部加热。

二、沥青混合料马歇尔试件成型方法(击实法)

1. 沥青混合料试件的制作条件

沥青混合料试件制作时的矿料规格及试件数量应符合如下基本要求:

(1)当集料公称最大粒径小于或等于 26.5mm 时,采用标准击实法。一组试件的数量不少于 4 个。

(2)当集料公称最大粒径大于 26.5mm 时,宜采用大型击实法。一组试件的数量不少于 6 个。

(3)在试验室人工配制沥青混合料制作试件时,试件的制作步骤如下:

① 将各种规格的矿料置(105±5)℃的烘箱中烘干至恒重(一般不少于 4～6h)。

② 将烘干分级的粗、细集料,按每个试件设计级配要求称其质量,在一金属盘中混合均匀,矿粉单独放入小盆里;然后置于烘箱中加热至沥青拌和温度以上约 15℃(采用石油沥青时通常为 163℃;采用改性沥青时通常需要 180℃)备用。一般按一组试件(每组 4～6 个)备料,但进行配合比设计时宜对每个试件分别备料。常温沥青混合料的矿料不应加热。

③ 将沥青试样用烘箱加热至规定的沥青混合料拌和温度,但不得超过 175℃。当不得已采用燃气炉或电炉直接加热进行脱水时,必须使用石棉垫隔开。

④ 在拌和厂或施工现场采取的拌和沥青混合料制作试样时,将试样置于烘箱中加热或保温,在混合料中插入温度计测量温度,待混合料温度符合要求后成型。需要拌和时,可倒入已加热的室内沥青混合料拌和机中进行适当拌和,时间不超过 1min。不得在电炉或明火上加热炒拌。

2. 仪器设备

(1)自动击实仪:击实仪应具有自动记数、控制仪表、按钮设置、复位及暂停等功能。按其用途分为以下两种:

① 标准击实仪:由击实锤、ϕ(98.5±0.5)mm 的平圆形压实头及带手柄的导向棒组成。用机械将压实锤提起,至(457.2±1.5)mm 的高度沿导向棒自由落下击实,标准击实锤的质量(4536±9)g。

② 大型击实仪：由击实锤、ϕ(149.5±0.1)mm 平圆形压实头及带手柄的导向棒组成。用机械将压实锤提起，至(457.2±2.5)mm 的高度沿导向棒自由落下击实，大型击实锤的质量为(10210±10)g。

(2)试验室用沥青混合料拌和机：能保证拌和温度并充分拌和均匀，可控制拌和时间，容量不小于 10L。搅拌叶自转速度 70～80r/min，公转速度 40～50r/min。

(3)试模：由高碳钢或工具钢制成。

① 标准击实仪试模的内径为(101.6±0.2)mm，圆柱形金属筒高 87mm，底座直径约 120.6mm，套筒内径 104.8mm、高 70mm。

② 大型圆柱体试件的试模与套筒尺寸分别为：套筒外径 165.1mm，内径(155.6±0.3)mm，总高 83mm。试模内径(152.4±0.2)mm，总高 115mm，底座板厚 12.7mm，直径 172mm。

(4)脱模器：电动或手动，应能无破损地推出圆柱体试件，备有标准圆柱体试件及大型圆柱体试件尺寸的推出环。

(5)烘箱：大、中型各 1 台，应有温度调节器。

(6)天平或电子秤：用于称量沥青的，感量不大于 0.1g；用于称量矿料的，感量不大于 0.5g。

(7)温度计：分度值为 1℃。宜采用有金属插杆的插入式数显温度计，金属插杆的长度不小于 150mm。量程 0～300℃。

(8)布洛克菲尔德黏度计。

(9)其他：电炉或煤气炉、沥青熔化锅、拌和铲、标准筛、滤纸(或普通纸)、胶布、卡尺、秒表、粉笔、棉纱、插刀或大螺丝刀等。

3. 确定制作沥青混合料试件的拌和温度与压实温度

试件的拌和与压实温度可按表 4-3 选用，并根据沥青品种和标号作适当调整。针入度小、稠度大的沥青取高限，针入度大、稠度小的沥青取低限，一般取中值。对改性沥青，应根据改性剂的品种和用量，适当提高混合料的拌和温度和压实温度。对大部分聚合物改性沥青，需要在普通沥青的基础上提高 10～20℃，掺加纤维时，需要再提高 10℃左右。

表 4-3 沥青混合料拌和及压实温度参数表

沥青混合料种类	拌和温度(℃)	压实温度(℃)
石油沥青	140～160	120～150
改性沥青	160～175	140～170

4. 成型准备工作

(1)将各种规格的矿料置于(105±5)℃的烘箱中烘干至恒重(一般不少于 4～6h)。根据需要，粗集料可先用水冲洗干净后烘干。也可将粗细集料过筛后，用水冲洗再烘干备用。

(2)按规定试验方法分别测定不同粒径规格的粗、细集料及填料(矿粉)和沥青的各种密度。

(3)将烘干分级的粗、细集料，按每个试件设计级配要求称其质量，在一金属盘中混合均匀，矿粉单独加热，置烘箱中预热至沥青拌和温度以上约15℃（采用石油沥青时通常为163℃；采用改性沥青时通常为180℃）备用。一般按一组试件（每组4～6个）备料，但进行配合比设计时宜对每个试件分别备料。

（4）按规定的试验方法采集沥青试样，用恒温烘箱或油浴、电热套熔化加热至规定的沥青混合料拌和温度备用，但不得超过175℃。当不得已采用燃气炉或电炉直接加热进行脱水时，必须使用石棉垫隔开。

（5）用沾有少许黄油的棉纱擦拭试模、套筒及击实座等，置于100℃左右烘箱中加热1h备用。

5. 混合料拌制

（1）将沥青混合料拌和机预热至拌和温度10℃左右备用。

（2）将每个试件预热的粗、细集料置于拌和机中，用小铲子适当混合，然后再加入需要数量的已加热至拌和温度的沥青，开动拌和机一边搅拌一边将拌和叶片插入混合料中拌和1～1.5min，然后暂停拌和，加入单独加热的矿粉，继续拌和至均匀为止，并使沥青混合料保持在要求的温度范围内。标准的总拌和时间为3min。

6. 成型方法

（1）将充分拌和的沥青混合料，用小铲适当拌和均匀，称取一个试件所需的用量（标准马歇尔试件约1200g，大型马歇尔试件约4050g）。当已知沥青混合料的密度时，可根据试件的标准尺寸计算并乘以1.03得到要求的混合料数量。当一次拌和几个试件时，宜将其倒入经预热的金属盘中，用小铲适当拌和均匀后分成几份，分别取用。在试件制作过程中，为防止混合料温度下降，应连盘放在烘箱中保温。

（2）从烘箱中取出预热的试模及套筒，用蘸有少许黄油的棉纱擦拭套筒、底座及击实锤底面，将试模装在底座上，放一张圆形的吸油性小的纸，用小铲将混合料铲入试模中，用插刀或大螺丝刀沿周边插捣15次，中间10次。插捣后将沥青混合料表面整平。对大型击实法的试件，混合料分两次加入，每次插捣次数同上。

（3）插入温度计，至混合料中心附近，检查混合料温度。

（4）待混合料温度符合要求的压实温度后，将试模连同底座一起放在击实台上固定，在装好的混合料上面垫一张吸油性小的圆纸，再将装有击实锤及导向棒的压头插入试模中。开启电动机，使击实锤从457mm的高度自由落下，击实规定的次数（75次或50次）。对大型试件，击实次数为75次（相应于标准击实50次）或112次（相应于标准击实75次）。

（5）试件击实一面后，取下套筒，将试模翻面，装上套筒；然后以同样的方法和次数击实另一面。

（6）试件击实结束后，立即用镊子取掉上、下两面的纸，用卡尺量取试件距试模上口的高度并由此计算试件的高度，当高度不符合要求时，试件应作废，并按式（4-14）调整试件混合料质量，以保证高度符合（63.5±1.3）mm（标准试件）或（95.3±2.5）mm（大型试件）的要求。

$$\text{整后混合料量}=\frac{\text{要求件高度}\times\text{原用混合料量}}{\text{所得件的高度}} \tag{4-14}$$

（7）卸去套筒和底座，将装有试件的试模横向放置冷却至室温后（不少于12h），置脱模机上脱出试件。

(8)将试件仔细置于干燥洁净的平面上,供试验用。

三、压实沥青混合料密度试验(表干法)

1. 目的与适用范围

(1)表干法适用于测定吸水率不大于2%的各种沥青混合料试件,包括密级配沥青混凝土、沥青玛蹄脂碎石混合料和沥青稳定碎石等沥青混合料试件的毛体积相对密度和毛体积密度。

(2)本试验方法测定的毛体积相对密度和毛体积密度适用于计算沥青混合料试件的空隙率、矿料间隙率等各项体积指标。

2. 仪器设备

(1)浸水天平或电子天平:当最大称量在3kg以下时,感量不大于0.1g;当最大称量在3kg以上时,感量不大于0.5g;应有测量水中重的挂钩。

(2)网篮。

(3)溢流水箱:使用洁净水,有水位溢流装置,保持试件和网篮浸入水中后的水位一定。

(4)试件悬吊装置:天平下方悬吊网篮及试件的装置,吊线应采用不吸水的细尼龙线绳,并有足够的长度。对轮碾成型机成型的板块状试件可用铁丝悬挂。

(5)秒表。

(6)其他:毛巾、电风扇或烘箱。

3. 试验步骤

(1)准备试件。本试验可以采用室内成型的试件,也可以采用工程现场钻芯、切割等方法获得的试件。试验前试件宜在阴凉处保存(温度不宜高于35℃),且放置在水平面上,注意不要使试件产生变形。

(2)选择适宜的浸水天平或电子天平,最大称量应满足试件质量的要求。

(3)除去试件表面的浮粒,称取干燥试件的空中质量m_a,根据选择的天平感量读数,准确至0.1g或0.5g。

(4)挂上网篮,浸入溢流水箱中,调节水位,将天平调平或复零,把试件置于网篮中(注意不要晃动水)浸入水中3~5min,称取水中质量m_w。若天平读数持续变化,不能很快达到稳定,说明试件吸水较严重,不适合用此法测定,应改用蜡封法测定。

(5)从水中取出试件,尽快用洁净柔软的不滴水的湿毛巾轻轻擦去试件的表面水(不得吸走空隙内的水),称取试件的表干质量m_f。从试件拿出水面到擦拭结束不宜超过5s,在称量过程中流出的水不得再擦拭。

(6)对从路上钻取的非干燥试件可先称取水中质量m_w和表干质量m_f,然后用电风扇将试件吹干至恒重[一般不少于12h,当不需要进行其他试验时,也可用(60±5)℃烘箱烘干至恒重],再称取空中质量m_a。

4. 试验结果计算

(1)计算试件的吸水率,结果精确至1位小数。

试件的吸水率即试件吸水体积占沥青混合料毛体积的百分率,按式(4-15)计算:

$$S_a=\frac{m_f-m_a}{m_f-m_w}\times 100 \tag{4-15}$$

式中：S_a——试件的吸水率(%)；

m_a——干燥试件的空气中质量(g)；

m_w——试件的水中质量(g)；

m_f——试件的表干质量(g)。

(2)计算试件的毛体积相对密度和毛体积密度，结果精确至3位小数：

$$\gamma_f = \frac{m_a}{m_f - m_w} \tag{4-16}$$

$$\rho_f = \frac{m_a}{m_f - m_w} \times \rho_w \tag{4-17}$$

式中：γ_f——试件的毛体积相对密度，无量纲；

ρ_f——用表干法测定的试件毛体积密度(g/cm^3)；

ρ_w——25℃时水的密度，取0.9971g/cm^3。

(3)试件的空隙率按式(4-18)计算，结果精确至1位小数：

$$VV = \left(1 - \frac{\gamma_f}{\gamma_t}\right) \times 100 \tag{4-18}$$

式中：VV——试件的空隙率(%)；

γ_t——沥青混合料理论最大相对密度，当实测理论最大相对密度有困难时，也可以采用计算的理论最大相对密度。

γ_f——试件的毛体积相对密度，无量纲，通常采用表干法测定；当试件吸水率 $S_a > 2\%$ 时，宜采用蜡封法测定；当按规定允许采用水中重法测定时，也可用表观相对密度代替。

(4)矿料的合成毛体积相对密度按式(4-19)计算，结果精确至3位小数：

$$\gamma_{sb} = \frac{100}{\frac{P_1}{\gamma_1} + \frac{P_2}{\gamma_2} + \cdots + \frac{P_n}{\gamma_n}} \tag{4-19}$$

式中：γ_{sb}——矿料的合成毛体积相对密度，无量纲；

$P_1, P_2, \cdots, P_n$——各种矿料占矿料总质量的百分率(%)，其和为100；

$\gamma_1, \gamma_2, \cdots, \gamma_n$——各种矿料的相对密度，无量纲。

(5)计算矿料的合成表观相对密度按式(4-20)计算，结果精确至3位小数：

$$\gamma_{sa} = \frac{100}{\frac{P_1}{\gamma'_1} + \frac{P_2}{\gamma'_2} + \cdots + \frac{P_n}{\gamma'_n}} \tag{4-20}$$

式中：γ_{sa}——矿料的合成表观相对密度，无量纲；

$\gamma'_1, \gamma'_2, \cdots, \gamma'_n$——各种矿料的表观相对密度，无量纲。

(7)确定沥青混合料的理论最大相对密度，结果精确至3位小数。

① 对非改性的普通沥青混合料，采用真空法实测沥青混合料的理论最大相对密度 γ_t。

② 对改性沥青和沥青玛蹄脂碎石混合料宜分别按式(4-21)和式(4-22)计算沥青混

合料对应油石比的理论最大相对密度。

$$\gamma_t=\frac{100+P_a}{\frac{100}{\gamma_{se}}+\frac{P_a}{\gamma_b}} \tag{4-21}$$

$$\gamma_t=\frac{100+P_a+P_x}{\frac{100}{\gamma_{se}}+\frac{P_a}{\gamma_b}+\frac{P_x}{\gamma_x}} \tag{4-22}$$

式中：γ_t——沥青混合料对应油石比的理论最大相对密度，无量纲；

P_a——油石比，即沥青质量占矿料总质量的百分比（%），$P_a=\frac{P_b}{(100-P_b)}\times 100\%$；

P_x——纤维用量，即纤维质量占矿料总质量的百分率（%）；

γ_x——25℃时纤维的相对密度，由厂方提供或实测得到，无量纲；

γ_{se}——合成矿料的有效相对密度，无量纲；

γ_b——25℃时沥青的相对密度，无量纲。

③ 对既有路面钻取芯样的试件，当缺乏材料密度、配合比及油石比的沥青混合料时，可采用真空法实测沥青混合料的理论最大相对密度 γ_t。

(8)试件的空隙率（VV）、矿料间隙率（VMA）和有效沥青的饱和度（VFA）可按式（4－23）～（4－25）计算，结果精确至1位小数：

$$VV=\left(1-\frac{\gamma_f}{\gamma_t}\right)\times 100\% \tag{4-23}$$

$$VMA=\left(1-\frac{\gamma_f}{\gamma_{sb}}\times\frac{P_s}{100\%}\right)\times 100\% \tag{4-24}$$

$$VFA=\frac{VMA-VV}{VMA}\times 100\% \tag{4-25}$$

式中：VV——沥青混合料试件的空隙率（%）；

VMA——沥青混合料试件的矿料间隙率（%）；

VFA——沥青混合料试件的有效沥青的饱和度（%）；

P_s——各种矿料质量占沥青混合料总质量的百分率之和（%），$P_s=100\%-P_b$；

γ_{sb}——矿料的合成毛体积相对密度，无量纲。

(9)粗集料质量占沥青混合料总质量的百分率可按式（4－26）计算：

$$P_{ca}=P_s\times\frac{PA_{4.75}}{100} \tag{4-26}$$

式中：P_{ca}——矿料中所有粗集料质量占沥青混合料总质量的百分率（%）；

$PA_{4.75}$——矿料级配中4.75mm筛余量，即100减去4.75mm通过率。

(10)粗集料的合成毛体积相对密度可按式（4－27）计算：

$$\gamma_{ca}=\frac{p_{1c}+p_{2c}+\cdots+p_{nc}}{\frac{p_{1c}}{\gamma_{1c}}+\frac{p_{2c}}{\gamma_{2c}}+\cdots+\frac{p_{nc}}{\gamma_{nc}}} \tag{4-27}$$

式中：γ_{ca}——矿料中所有粗集料的合成毛体积相对密度，无量纲；

$p_{1c},\cdots,p_{nc}$——矿料中各种粗集料占矿料总质量的百分比（%）；

$\gamma_{1c},\cdots,\gamma_{nc}$——矿料中各种粗集料的毛体积相对密度，无量纲。

（11）粗集料骨架间隙率可按式（4－28）计算，结果精确至1位小数：

$$VCA_{mix}=100-\frac{\gamma_f}{\gamma_{ca}}\times P_{ca} \tag{4-28}$$

式中：VCA_{mix}——粗集料骨架间隙率（%）。

四、沥青混合料马歇尔稳定度试验

1. 目的与适用范围

（1）本方法适用于马歇尔稳定度试验和浸水马歇尔稳定度试验，以进行沥青混合料的配合比设计或沥青路面施工质量检验。浸水马歇尔稳定度试验（根据需要，也可进行真空饱水马歇尔试验）供检验沥青混合料受水损害时抵抗剥落的能力时使用，通过测试其水稳定性检验配合比设计的可行性。

（2）本方法适用于标准马歇尔试件圆柱体和大型马歇尔试件圆柱体。

2. 仪器设备

（1）马歇尔稳定度试验仪：用计算机或 $X-Y$ 记录仪记录荷载-位移曲线，并具有自动测定荷载与试件垂直变形的传感器、位移计，能自动显示或打印试验结果。

（2）恒温水槽：控温准确度为1℃，深度不小于150mm。

（3）真空饱水容器：包括真空泵及真空干燥器。

（4）天平：感量不大于0.1g。

（5）其他：卡尺、温度计等。

3. 试验准备

（1）试件按击实法成型，标准马歇尔尺寸应符合 ϕ（101.6±0.2）mm、高（63.5±1.3）mm的要求。对大型马歇尔试件，尺寸应符合 ϕ（152.4±0.2）mm、高（95.3±2.5）mm 的要求。一组试件的数量不得少于4个。

（2）测量试件的直径及高度：用卡尺测量试件中部的直径，用马歇尔试件高度测定器或用卡尺在十字对称4个方向测量距试件边缘10mm 处的高度，准确至0.1mm，并以其平均值作为试件的高度。若试件高度不符合（63.5±1.3）mm 或（95.3±2.5）mm 的要求，或两侧高度差大于2mm 时，此试件应作废。

（3）测定试件的密度，并计算空隙率、沥青体积百分率、沥青饱和度、矿料间隙率等体积指标。

（4）将恒温水槽调节至要求的试验温度，对黏稠石油沥青或烘箱养生过的乳化沥青混合料为（60±1）℃，对煤沥青混合料为（33.8±1）℃，对空气养生的乳化沥青或液体沥青混合料为（25±1）℃。

4. 试验步骤

（1）标准马歇尔试验

① 将试件置于规定温度的恒温水槽中保温，对标准马歇尔试件保温时间需30～

40min，对大型马歇尔试件保温时间需 45～60min。试件之间应有间隔，底下应垫起，距水槽底部不小于 5cm。

② 将马歇尔试验仪的上下压头放入水槽或烘箱中达到同样温度。将上下压头从水槽或烘箱中取出擦拭干净内面，为使上下压头滑动自如，可在下压头的捣棒上涂少量黄油。再将试件取出置于下压头上，盖上上压头，然后装在加载设备上。

③ 在上压头的球座上放妥钢球，并对准荷载测定装置的压头。

④ 当采用自动马歇尔试验仪时，将自动马歇尔试验仪的压力传感器、位移传感器与计算机或 $X-Y$ 记录仪正确连接，调整好适宜的放大比例，压力传感器和位移传感器调零。

⑤ 当采用压力环和流值计时，将流值计安装在导棒上，使导向套管轻轻地压住上压头，同时将流值计读数调零。调整压力环中百分表，对零。

⑥ 启动加载设备，使试件承受荷载，加载速度为(50±5)mm/min。计算机或 $X-Y$ 记录仪自动记录传感器压力和试件变形曲线并将数据自动存入计算机。

⑦ 当试验荷载达到最大值的瞬间，取下流值计，同时读取压力环中百分表读数及流值计的流值读数。

⑧ 从恒温水槽中取出试件至测出最大荷载值的时间，不得超过 30s。

(2)浸水马歇尔试验方法

浸水马歇尔试验方法与标准马歇尔试验方法的不同之处在于，试件在已达到规定温度的恒温水槽中的保温时间为 48h，其余步骤均与标准马歇尔试验方法相同。

(3)真空饱水马歇尔试验方法

将试件放入真空干燥器中，关闭进水胶管，开动真空泵，使干燥器的真空度达到 97.3kPa(730mmHg)以上，维持 15min；然后打开进水胶管，靠负压进入冷水流使试件全部浸入水中，浸水 15min 后恢复常压，取出试件再放入已达到规定温度的恒温水槽中保温 48h，其余均与标准马歇尔试验方法相同。

5. 试验结果计算

试件的马歇尔模数、稳定度和浸水残留稳定度按式(4-29)～式(4-31)计算：

$$T=\frac{MS}{FL} \tag{4-29}$$

$$MS_0=\frac{MS_1}{MS}\times 100\% \tag{4-30}$$

$$MS'_0=\frac{MS_2}{MS}\times 100\% \tag{4-31}$$

式中：T——试件的马歇尔模数(kN/mm)；

MS——试件的稳定度(kN)；

MS_0——试件的浸水残留稳定度(%)；

FL——试件的流值(mm)；

MS_1——试件在浸水 $48h$ 后的稳定度(kN)；

MS'_0——试件的真空饱水残留稳定度(%)；

MS_2——试件浸在真空饱水中 48h 后的稳定度(kN)。

五、沥青混合料中沥青含量试验(离心分离法)

1. 目的与适用范围

(1)本试验采用离心分离法测定黏稠石油沥青拌制的沥青混合料中的沥青含量(或油石比)。

(2)本试验方法适用于热拌热铺沥青混合料路面施工的沥青用量检测,以评定拌和厂产品质量。此法也适用于既有路调查时检测沥青混合料的沥青用量,用此法抽提的沥青溶液可用于回收沥青,以评定沥青的老化性质。

2. 仪器设备

(1)离心抽提仪。

(2)圆环形滤纸。

(3)回收瓶:容量 1700mL 以上。

(4)压力过滤装置。

(5)天平:0.01g 和 0.001g 各 1 台。

(6)烘箱。

(7)化学溶剂等。

3. 试验准备

(1)按沥青混合料取样方法,在拌和厂从运料卡车采取沥青混合料试样,放在金属盘中适当拌和,待温度稍下降至 100℃以下时,用大烧杯取混合料试样质量 1000～1500g(粗粒式沥青混合料取高限,细粒式取低限,中粒式取中限),准确至 0.1g。

(2)若试样是从路上用钻机法或切割法取得的,则应用电风扇吹风使其完全干燥,置于烘箱中适当加热成松散状态时再取样,不得用锤击,以防集料破碎。

4. 试验步骤

(1)向装有试样的烧杯中注入三氯乙烯溶剂,将其浸没,浸泡 30min,用玻璃棒适当搅动混合料,使沥青充分溶解,也可直接在离心分离器中浸泡。

(2)将混合料及溶液倒入离心分离器,用少量溶剂将烧杯及玻璃棒上的黏附物全部洗入分离器中。

(3)称取洁净的圆环形滤纸质量,准确至 0.01g。注意滤纸不宜多次反复使用,有破损者不能使用,有石粉黏附时应用毛刷清除干净。

(4)将滤纸垫在分离器边缘,加盖紧固,在分离器出口处放置回收瓶,上口应注意密封,防止流出液成雾状散失。

(5)启动离心机,转速逐渐增至 3000r/min,沥青溶液通过排出口注入回收瓶中,待流出停止后停机。

(6)从上盖的孔中加入新溶剂,数量大体相同,稍停 3～5min 后,重复上述操作,如此数次直至流出的抽提液成清澈的淡黄色为止。

(7)卸下上盖,取下圆环形滤纸,在通风橱或室内空气中蒸发干燥,然后放入(105±5)℃的烘箱中干燥,称取质量,其增重部分 m_2 为矿粉的一部分。

(8)将容器中的集料小心取出,在通风橱或室内空气中蒸发后放入(105±5)℃的烘箱中烘干(一般需 4h),然后放入大干燥器中冷却至室温,称取集料质量 m_1。

(9)用压力过滤器过滤回收瓶中的沥青溶液,由滤纸的增重 m_3 得出泄漏于滤液中的矿粉。无压力过滤器时也可以用燃烧法测定。

5. **试验结果计算**

(1)沥青混合料中矿料的总质量按式(4-32)计算:

$$m_a = m_1 + m_2 + m_3 \tag{4-31}$$

式中:m_a——沥青混合料中矿料的总质量(g);

m_1——容器中留下的集料干燥质量(g);

m_2——泄漏于抽提液中的矿粉质量(g);

m_3——圆环形滤纸在试验前后的增重(g)。

(2)沥青混合料中沥青含量及油石比按式(4-33)和式(4-34)计算:

$$P_b = \frac{m - m_a}{m} \tag{4-33}$$

$$P_a = \frac{m - m_a}{m_a} \tag{4-34}$$

式中:m——沥青混合料的总质量(g);

P_b——沥青混合料的沥青含量(%);

P_a——沥青混合料的油石比(%)。

6. **结果评定**

对同一沥青混合料试样至少平行试验两次,取平均值作为试验结果。两次试验结果的差值应小于 0.3%,当大于 0.3%但小于 0.5%时,应补充平行试验一次,以 3 次试验的平均值作为试验结果,3 次试验值的最大值与最小值不得大于 0.5%。

六、沥青混合料车辙试验

1. **目的与适用范围**

(1)本试验方法适用于测定沥青混合料的高温抗车辙能力,供沥青混合料配合比设计时的高温稳定性检验使用,也可用于现场沥青混合料的高温稳定性试验。

(2)车辙试验的温度与轮压(试验轮与试件的接触压强)可根据有关规定和需要选用,非经证明,试验温度为 60℃,轮压为 0.7MPa。根据需要,如在寒冷地区也可采用 45℃,在高温条件下采用 70℃等,对重载交通的轮压可增加至 1.4MPa,但均应在报告中注明。计算动稳定度的时间原则上为试验开始后 45~60min。

(3)本试验方法适用于用轮碾成型机碾压成型的长 300mm、宽 300mm、厚 50~100mm 的板块状试件。根据工程需要也可采用其他尺寸的试件。本试验方法也适用于现场切割板块状试件,切割试件尺寸根据现场面层的实际情况由试验确定。

2. **仪器设备**

(1)车辙试验机:主要由以下几部分组成。

① 试件台:可牢固地安装两种宽度(300mm 和 150mm)的规定尺寸试件的试模。

② 试验轮:橡胶制的实心轮胎,外径为200mm,轮宽为50mm,橡胶层厚为15mm。橡胶硬度(国际标准硬度)20℃时为84±4;60℃时为78±2。试验轮行走距离为(230±10)mm,往返碾压速度为(42±1)次/min(往返21次/min)的。允许采用曲柄连杆驱动加载轮往返运动。

注:应注意检验轮胎橡胶硬度,不符合要求者应及时更换。

③ 加载装置:使试验轮与试件的接触压强在60℃时为(0.7±0.05)MPa,施加的总荷载为780N左右,根据需要可以调整接触压强的大小。

④ 试模:钢板制成,由底板及侧板组成,试模内侧长为300mm、宽为300mm、厚为50mm～100mm,也可根据需要对厚度进行调整。

⑤ 变形测量装置:自动检测车辙变形并记录曲线的装置,通常用LVDT、电测百分表或非接触位移计。位移测量范围0～130mm,精度±0.01mm。

⑥ 温度检测装置:自动检测并记录试件表面及恒温室内温度的温度传感器、温度计(精度±0.5℃)。温度应能自动连续记录。

(2)恒温室:应具有足够的空间。车辙试验机必须整机安装在恒温室内,装有加热器、气流循环装置及装有自动温度控制设备,同时恒温室还应具备至少能保温3块试件并进行试验的条件。保持恒温室温度(60±1)℃[试件内部温度(60±0.5)℃],根据需要也可采用其他试验温度。

(3)台秤:称量15kg,感量不大于5g。

3. 试验准备

(1)试验轮接地压强测定:测定在60℃时进行,在试验台上放置一块50mm厚的钢板,其上铺一张毫米方格纸,方格纸上铺一张新的复写纸,以规定的700N荷载后试验轮静压复写纸,即可在方格纸上得出轮压面积,并由此求得接地压强。当压强未达到(0.7±0.05)MPa时,应适当调整荷载。

(2)用轮碾成型法制作车辙试验试块。在试验室或工地制备成型的车辙试件,板块状试件尺寸为长300mm×宽300mm×厚50～100mm(厚度可根据需要确定)。也可从路面切割得到需要尺寸的试件。

当直接在拌和厂取拌和好的沥青混合料样品制作车辙试验试件检验生产配合比设计或混合料生产质量时,必须将混合料装入保温桶中,在温度下降至成型温度之前迅速送达试验室制作试件,如果温度稍有不足,可放在烘箱中加热(时间不超过30min)后成型。但不得将混合料放冷后二次加热重塑制作试件。重塑制件的试验结果仅供参考,不得用于评定配合比设计检验是否合格。

(3)试件成型后连同试模一起在常温条件下放置的时间不得少于12h。对聚合物改性沥青混合料,放置的时间以48h为宜,使聚合物改性沥青充分固化后方可进行车辙试验。室温放置时间不得长于一周。

4. 试验步骤

(1)将试件连同试模一起,置于已达到试验温度(60±1)℃的恒温室中,保温不少于5h,也不得超过12h。在试件的试验轮不行走的部位上,粘贴一个热电偶温度计(也可在试件制作时预先将热电偶导线埋入试件一角),控制试件温度,使其稳定在(60±0.5)℃。

(2)将试件连同试模移至轮辙试验机的试验台上，试验轮在试件的中央部位，其行走方向须与试件碾压或行车方向一致。开动车辙变形自动记录仪，然后启动试验机，使试验轮往返行走，时间约1h，或最大变形达到25mm时为止。试验时，记录仪自动记录变形曲线及试件温度。

5. **试验结果计算**

(1)从变形曲线上读取45min(t_1)及60min(t_2)时的车辙变形量 d_1 及 d_2，精确至0.01mm。当变形过大，在未到60min而变形量已达25mm时，则以变形量达到25mm(d_2)时的时间为 t_2，将其前15min为 t_1，此时的变形量为 d_1。

(2)沥青混合料试件的动稳定度按式(4-35)计算：

$$DS=\frac{t_2-t_1}{d_2-d_1}\times N\times C_1\times C_2 \tag{4-35}$$

式中：DS——沥青混合料试件的动稳定度(次/mm)；

d_1——对应于时间 t_1 的变形量(mm)；

d_2——对应于时间 t_2 的变形量(mm)；

C_1——试验机类型系数，曲柄连杆驱动加载轮往返行走方式为1.0；

C_2——试验系数，试验室制备的宽300mm的试件为1.0；

N——试验轮往返碾压速度，通常为42次/min。

(3)对同一沥青混合料或同一路段的路面，至少平行试验3个试件，当3个试件动稳定度变异系数不大于20%时，取平均值作为试验结果；变异系数大于20%时应分析原因，并追加试验。若计算动稳定度值大于6000次/mm时，记作">6000次/mm"。重复性试验动稳定度变异系数不大于20%。

七、沥青混合料理论最大相对密度(真空法)试验

1. **目的与适用范围**

(1)本试验采用真空法测定沥青混合料理论最大相对密度，以供沥青混合料配合比设计、路况调查或路面施工质量管理，或者用于计算空隙率、压实度等。

(2)本试验方法不适合用于吸水率大于3%的多孔性集料的沥青混合料。

2. **仪器设备**

(1)电子天平：称量5kg以上，感量不大于0.1g；称量2kg以上，感量不大于0.05g。

(2)负压容器。

(3)真空负压装置。

(4)振动装置。

(5)恒温水槽。

(6)温度计(100℃)、玻璃板、平底盘等。

3. **试验准备**

(1)按沥青混合料取样方法或从沥青路面上采取(或钻取)沥青混合料试样。试样数量不少于表4-4规定的数量。

表 4-4　沥青混合料理论最大相对密度试验试样数量

沥青混合料中集料最大粒径 (mm)	最少试样数量 (g)	沥青混合料中集料最大粒径 (mm)	最少试样数量 (g)
37.5	3500	13.2,16.0	1500
31.5	3000	9.5	1000
26.5	2500	4.75	500
19.0	2000		

① 拌制沥青混合料时，分别拌制两个平行试样，并放置于平底盘中。

② 从拌和料、运料车或者摊铺现场取样时，趁热缩分成两个平行试样，分别放置于平底盘中。

③ 从沥青路面上钻芯取样或切割的试样，或者其他来源的冷沥青混合料，应置于(125±5)℃烘箱中加热至变软、松散后，再缩分成两个平行试样，分别放置于平底盘中。

(2)将平底盘中的热沥青混合料，在室温中冷却或者用电风扇吹，一边冷却一边将沥青混合料团块仔细分散，粗集料不破碎，细集料团块分散到小于 6.4mm。若混合料坚硬时可用烘箱适当加热后再分散，加热温度不超过 60℃。分散试样时可用铲子翻动、分散，在温度较低时应用手掰开，但不得用锤打碎，防止集料破碎。当试样是从施工现场采取的非干燥混合料时，应用电风扇吹干至恒重后再操作。

(3)负压容器标定方法如下。

① 采用 A 类容器时，将容器全部浸入(25±0.5)℃的恒温水槽中，负压容器完全浸没、恒温(10±1)min 后，称取容器的水中质量 m_1。

② B、C 类负压容器：

a. 大端口的负压容器，需要有大于负压容器端口的玻璃板。将负压容器和玻璃板放进水槽中，注意轻轻摇动负压容器使容器内气泡排除。恒温(10±1)min 后，取出负压容器和玻璃板，向负压容器内加满(25±0.5)℃水至液面稍微溢出，用玻璃板先盖住容器端口1/3,然后慢慢沿容器端口水平方向移动玻璃板以盖住整个端口，注意查看有没有气泡。擦除负压容器四周的水，称取盛满水的负压容器质量为 m_b。

b. 小口的负压容器，需要采用中间带垂直孔的塞子，其下部为凹槽，以便于空气从孔中排除。将负压容器和塞子放进水槽中，注意轻轻摇动负压容器以使气泡排除。恒温(10±1)min，在水中将瓶塞塞进瓶口，使多余的水由瓶塞上的孔中挤出。取出负压容器，将负压容器用干净的软布在瓶塞顶部擦拭一次，再迅速擦除负压容器外面的水分，最后称其质量 m_b。

4. 试验步骤

(1)将沥青混合料试样装入干燥的负压容器中，称取容器及混合料总质量，得到试样的净质量 m_a，试样质量应不小于上述规定的最小质量。

(2)在负压容器中注入(25±0.5)℃的水，将混合料全部浸没，并较混合料顶面高出约 2cm。

(3)将负压容器放到试验仪上，与真空泵、压力表等连接，开动真空泵，使负压容器内负压在 2min 内达到(3.7±0.3)kPa[(27.5±2.5)mmHg]时，开始计时，同时开动振动装置和抽真空，持续(15±2)min。

为使气泡容易去除，试验前可在水中加 0.01%浓度的表面活性剂(如每 100mL 水中加 0.01g 洗涤灵)。

(4)当抽真空结束后，关闭真空装置和振动装置，打开调压阀慢慢卸压，卸压速度不得大于 8kPa/s(通过真空表读数控制)，使负压容器内压力逐渐恢复。

(5)当采用 A 类负压容器时，将盛试样的容器浸入保温至(25±0.5)℃的恒温水槽中，恒温(10±1)min 后，称取负压容器与沥青混合料的水中质量 m_2。

(6)当采用 B、C 类负压容器时，将装有沥青混合料试样的容器浸入保温至(25±0.5)℃的恒温水槽中，恒温(10±1)min 后，注意容器中不得有气泡，擦净容器外的水分，称取容器、水和沥青混合料试样的总质量(m_c)。

5. 试验结果计算

(1)当采用 A 类负压容器时，沥青混合料的理论最大相对密度按式(4-36)计算：

$$\gamma_t=\frac{m_a}{m_a-(m_2-m_1)} \tag{4-36}$$

式中：γ_t——沥青混合料的理论最大相对密度；

m_a——干燥沥青混合料试样的空气中质量(g)；

m_1——负压容器在 25℃水中的质量(g)；

m_2——负压容器与沥青混合料在 25℃水中的质量(g)。

(2)当采用 B、C 类负压容器时，沥青混合料的理论最大相对密度按式(4-37)计算：

$$\gamma_t=\frac{m_a}{m_a+m_b-m_c} \tag{4-37}$$

式中：m_b——装满 25℃水的负压容器质量(g)；

m_c——25℃时试样、水与负压容器的总质量(g)。

(3)沥青混合料 25℃时的理论最大密度按式(4-38)计算：

$$\rho_t=\gamma_t\times\rho_w \tag{4-38}$$

式中：ρ_t——沥青混合料的理论最大密度(g/cm³)；

ρ_w——25℃时水的密度，取 0.9971g/cm³。

八、沥青混合料矿料级配试验

1. 目的与适用范围

本试验方法适用于测定沥青路面施工过程中沥青混合料的矿料级配，以供评定沥青路面施工质量时使用。

2. 仪器设备

(1)标准筛:根据沥青混合料级配选用相应的选筛号。

(2)电子天平。

(3)振摆摇筛机。

(4)电热恒温鼓风干燥箱。

(5)其他(样品盘、毛刷)。

3. 试验准备

(1)将沥青混合料试样按沥青含量的试验方法抽提沥青后,将全部矿质混合料放入样品盘中,置于温度(105±5)℃的烘箱中烘干,并冷却至室温。

(2)按沥青混合料矿料级配设计要求,选用全部或部分需要筛孔的标准筛,做施工质量检验时,至少应包括 0.075mm、2.36mm、4.75mm 及集料公称最大粒径等 5 个筛孔,按大小顺序排列成套筛。

4. 试验步骤

(1)将抽提后的全部矿料试样称量,精确至 0.1g。

(2)将标准筛带筛底置摇筛机上,并将矿质混合料置于筛内,盖妥筛盖后,压紧摇筛机,开动摇筛机筛分 10min。取下套筛后,按筛孔大小顺序,在一清洁的浅盘上,再逐个进行手筛,手筛时可用手轻轻拍击筛框并经常地转动筛子,直至每分钟筛出量不超过筛上质量的 0.1%时为止,但不允许用手将颗粒塞过筛孔。筛下的颗粒并入下一号筛,并和下一号筛中的试样一起过筛。在筛分过程中,针对 0.075mm 筛的料,根据需要也可以参照《公路工程集料试验规程》(JTG E42—2005)的方法采用水筛法,或者对同一种混合料,适当进行几次干筛与湿筛的对比试验后,对 0.075mm 通过率进行适当的换算或修正。

(3)称量各筛上筛余颗粒的质量,精确至 0.1g。并将沾在滤纸、棉花上的矿粉及抽提液中的矿粉计入矿料中通过 0.075mm 的矿粉质量中。所有各筛的分计筛余量和底盘中剩余质量的总和与筛分前试样总质量相比,相差不得超过总质量的 1%。

5. 试验结果计算

(1)试样的分计筛余百分率按式(4-39)计算:

$$P_i=\frac{m_i}{m}\times 100\% \tag{4-39}$$

式中:P_i——第 i 级试样的分计筛余百分率(%);

m_i——第 i 级试样的筛余质量(g);

m——试样的质量(g)。

(2)累计筛分百分率:该号筛上的分计筛余百分率与大于该号筛上的分计筛余百分率之和,精确至 0.1%。

(3)通过筛分百分率:用 100 减去该号筛上的累计筛余百分率,精确至 0.1%。

(4)以筛孔尺寸为横坐标。绘制矿料组成曲线,评定该试样的颗粒组成。

6. 结果评定

对同一混合料至少取两个试样平行筛分试验两次,取平均值作为每号筛上的筛余量的试验结果,通过百分率及级配曲线报告矿料级配。

第三节　常用参数试验记录表格

黏稠沥青密度与相对密度试验检测记录表

检测单位名称：　　　　　　　　　　　　　　　　　　　　　　记录编号：

工程名称			
工程部位/用途			
样品信息	样品名称： 样品状态：	样品编号： 来样时间：	
试验检测日期		试验条件	
检测依据		判定依据	
主要仪器设备名称及编号			
试样在室温冷却开始时间		终了时间	
将试样放入恒温水浴的开始时间		终了时间	
在水浴盖上瓶塞的开始时间		终了时间	
测试序号	1	2	
比重瓶的质量 m_1(g)			
比重瓶与水的合计质量 m_2(g)			
比重瓶与试样的合计质量 m_4(g)			
比重瓶与水和试样的合计质量 m_5(g)			
沥青相对密度			
沥青相对密度试验结果(g/cm^3)			
沥青密度(g/cm^3)			
沥青密度试验结果(g/cm^3)			
附加声明：			

检测：　　　　记录：　　　　复核：　　　　　　　　日期：　　年　　月　　日

沥青三大指标(针入度、延度、软化点)试验检测记录表

检测单位名称：　　　　　　　　　　　　　　　　　　　　　　　记录编号：

工程名称			
工程部位/用途			
样品信息	样品名称： 样品状态：	样品数量： 来样时间：	
试验检测日期		试验条件	
检测依据		判定依据	
主要仪器设备名称及编号			

针入度试验记录

试验荷载(g)	经历时间(s)															
平均针入度(0.1mm)																

直线回归相关系数		针入度指数		当量脆点		当量软化点	

延度试验记录

拉伸速度(cm/min)	不同温度(℃)下延度(cm)记录							
	1	2	3	平均	1	2	3	平均
延度								

软化点试验记录

液体种类	开始温度(℃)	烧杯内液体在每分钟末温度上升记录(℃)															软化点(℃)	
		1	2	3	4	5	6	7	8	9	10	11	12	13	14	15	单个值	平均值

附加声明：

检测：　　　　　记录：　　　　　复核：　　　　　　　　日期：　　年　　月　　日

沥青溶解度试验检测记录表

检测单位名称：　　　　　　　　　　　　　　　　　　　　　　　　　记录编号：

工程名称			
工程部位/用途			
样品信息	样品名称： 样品状态：	样品编号： 来样时间：	
试验检测日期		试验条件	
检测依据		判定依据	
主要仪器设备名称及编号			

试样编号	坩埚与玻璃纤维滤纸合质量 m_1(g)	锥形瓶与玻璃棒合质量 m_2(g)	锥形瓶、玻璃棒与沥青合质量 m_3(g)	坩埚、滤纸及不溶物合质量 m_4(g)	锥形瓶、玻璃棒与黏附不溶物合计质量 m_5(g)	溶解度(%)	
						实测值	平均值

附加声明：

检测：　　　　　记录：　　　　　复核：　　　　　　　　日期：　　　年　　月　　日

沥青闪点、燃点试验检测记录表

检测单位名称：　　　　　　　　　　　　　　　　　　　　　　　　记录编号：

工程名称			
工程部位/用途			
样品信息	样品名称：　　　　样品编号： 样品状态：　　　　来样时间：		
试验检测日期		试验条件	
检测依据		判定依据	
主要仪器设备名称及编号			
达到预期闪点前 升温速度 (℃/min)		引火方式	150mm 半径 水平旋转
试验次数	1	2	试验结果
闪点(℃)			
燃点(℃)			
附加声明：			

检测：　　　　　　记录：　　　　　　复核：　　　　　　日期：　　年　　月　　日

沥青薄膜加热试验检测记录表

检测单位名称：　　　　　　　　　　　　　　　　　　　　　　　　　　　　记录编号：

工程名称			
工程部位/用途			
样品信息	样品名称： 样品状态：	样品数量： 来样时间：	
试验检测日期		试验条件	
检测依据		判定依据	
主要仪器设备名称及编号			

	测试序号	盛样皿质量（g）	试样质量（g）	薄膜烘箱加热前盛样皿与试样合质量（g）	薄膜烘箱加热后盛样皿与试样合质量（g）	试样薄膜加热后质量损失（%）	质量损失试验结果（%）
质量损失							

针入度比（%）	试验前针入度（0.1mm）	加热残留后针入度（0.1mm）	针入度比（%）
软化点增值（℃）	试验前软化点（℃）	加热试验后软化点（℃）	软化点增值（℃）

延度（cm）	加热试验后延度（cm）			
	单个值			
	平均值			

60℃黏度比	试验前60℃黏度（Pa·s）	试验后60℃黏度（Pa·s）	黏度比
沥青薄膜加热试验的老化指数			
附加声明：			

检测：　　　　记录：　　　　复核：　　　　　　　　日期：　　　年　　月　　日

沥青弹性恢复率试验检测记录表

检测单位名称：　　　　　　　　　　　　　　　　　　　　　　　　　　记录编号：

<table>
<tr><td>工程名称</td><td colspan="5"></td></tr>
<tr><td>工程部位/用途</td><td colspan="5"></td></tr>
<tr><td>样品信息</td><td colspan="5">样品名称：　　　　　　　　样品编号：
样品状态：　　　　　　　　来样时间：</td></tr>
<tr><td>试验检测日期</td><td colspan="2"></td><td>试验条件</td><td colspan="2"></td></tr>
<tr><td>检测依据</td><td colspan="2"></td><td>判定依据</td><td colspan="2"></td></tr>
<tr><td>主要仪器设备名称及编号</td><td colspan="5"></td></tr>
<tr><td>试验温度
(℃)</td><td colspan="2"></td><td>拉伸速率
(cm/min)</td><td colspan="2"></td></tr>
<tr><td rowspan="2">测试
序号</td><td rowspan="2">试样拉伸长度
(cm)</td><td rowspan="2" colspan="2">试样残留长度
(cm)</td><td colspan="2">试验弹性恢复率(%)</td></tr>
<tr><td>单个值</td><td>平均值</td></tr>
<tr><td></td><td></td><td colspan="2"></td><td></td><td rowspan="3"></td></tr>
<tr><td></td><td></td><td colspan="2"></td><td></td></tr>
<tr><td></td><td></td><td colspan="2"></td><td></td></tr>
<tr><td colspan="6">附加声明：</td></tr>
</table>

检测：　　　　　　记录：　　　　　　复核：　　　　　　　　　　日期：　　　年　　月　　日

沥青混合料密度试验检测记录表(表干法)

检测单位名称：　　　　　　　　　　　　　　　　　　　　　　记录编号：

工程名称							
工程部位/用途							
样品信息	样品名称： 样品状态：			样品编号： 来样时间：			
试验检测日期				试验条件			
检测依据				判定依据			
主要仪器设备名称及编号							
试件编号	试件空中质量(g)	试件水中质量(g)	试件表干质量(g)	试件的吸水率(%)	试件毛体积相对密度	水的密度(g/cm^3)	沥青混合料的毛体积密度(g/cm^3)
附加声明：							

检测：　　　　记录：　　　　复核：　　　　日期：　　年　　月　　日

沥青混合料马歇尔稳定度、流值试验记录表

检测单位名称：　　　　　　　　　　　　　　　　　　　　　　　　　　记录编号：

工程名称														
工程部位/用途														
样品信息	样品名称： 样品状态：						样品数量： 来样时间：							
试验检测日期								试验条件						
检测依据								判定依据						
主要仪器设备名称及编号														
沥青相对密度		击实次数（双面击实）			油石比（%）			沥青含量			击实温度（℃）			
矿料合成毛体积相对密度		矿料表观相对密度				矿料有效相对密度			理论最大相对密度			k 值		
试件编号	试件高度（mm）					试件空中质量（g）	试件水中质量（g）	试件表干质量（g）	实测毛体积相对密度	空隙率（%）	矿料间隙率（%）	有效沥青饱和度（%）	流值（mm）	稳定度（kN）
	单个值				平均值									
实测平均值														
附加声明：														

检测：　　　　记录：　　　　复核：　　　　　　　　　　　　日期：　　年　　月　　日

沥青混合料中沥青含量试验检测记录表(离心分离法)

检测单位名称： 记录编号：

工程名称						
工程部位/用途						
样品信息	样品名称： 样品状态：			样品编号： 来样时间：		
试验检测日期			试验条件			
检测依据			判定依据			
主要仪器设备名称及编号						
混合料类型						
试验次数						
滤纸的质量(g)						
沥青混合料试样的质量(g)						
容器中留下的集料干燥质量(g)						
滤纸＋矿粉的质量(g)						
抽提液总体积(mL)						
提取的抽提液体积(mL)						
坩埚的质量(g)						
坩埚＋残渣的质量(g)						
抽提液中矿粉的质量(g)						
沥青混合料中矿料的总质量(g)						
沥青含量(%)						
平均沥青含量(%)						
油石比(%)						
平均油石比(%)						
附加声明：						

检测： 记录： 复核： 日期： 年 月 日

沥青混合料车辙试验检测记录表

检测单位名称：　　　　　　　　　　　　　　　　　　　　　　　　　记录编号：

<table>
<tr><td colspan="2">工程名称</td><td colspan="8"></td></tr>
<tr><td colspan="2">工程部位/用途</td><td colspan="8"></td></tr>
<tr><td colspan="2">样品信息</td><td colspan="8">样品名称：　　　　　　　　样品编号：
样品状态：　　　　　　　　来样时间：</td></tr>
<tr><td colspan="2">试验检测日期</td><td colspan="4"></td><td colspan="2">试验条件</td><td colspan="2"></td></tr>
<tr><td colspan="2">检测依据</td><td colspan="4"></td><td colspan="2">判定依据</td><td colspan="2"></td></tr>
<tr><td colspan="2">主要仪器设备名称及编号</td><td colspan="8"></td></tr>
<tr><td colspan="10">沥青混合料车辙试验</td></tr>
<tr><td>试验次数</td><td>试验尺寸（cm）</td><td>试验温度（℃）</td><td>试验轮行走速度（次/min）</td><td>t_1（min）</td><td>t_2（min）</td><td>与时间 t_1 对应的变形量（mm）</td><td>与时间 t_2 对应的变形量（mm）</td><td>动稳定度（次/mm）</td><td>平均值（次/mm）</td></tr>
<tr><td></td><td></td><td></td><td></td><td></td><td></td><td></td><td></td><td></td><td rowspan="3"></td></tr>
<tr><td></td><td></td><td></td><td></td><td></td><td></td><td></td><td></td><td></td></tr>
<tr><td></td><td></td><td></td><td></td><td></td><td></td><td></td><td></td><td></td></tr>
<tr><td>试验轮接地压强</td><td></td><td colspan="2">试验机类型修正系数</td><td colspan="2"></td><td>马歇尔试件毛体积相对密度</td><td colspan="3"></td></tr>
<tr><td>试件制作方法</td><td></td><td colspan="2">试件系数</td><td colspan="2"></td><td>马歇尔试件空隙率（%）</td><td colspan="3"></td></tr>
<tr><td colspan="3">动稳定度的标准差（次/mm）</td><td colspan="7"></td></tr>
<tr><td colspan="3">动稳定度的变异系数（%）</td><td colspan="7"></td></tr>
<tr><td colspan="10">附加声明：</td></tr>
</table>

检测：　　　　　　记录：　　　　　　复核：　　　　　　　　　　日期：　　年　　月　　日

沥青混合料理论最大相对密度试验检测记录表(真空法)

检测单位名称：　　　　　　　　　　　　　　　　　　　　记录编号：

工程名称			
工程部位/用途			
样品信息	样品名称： 样品状态：	样品编号： 来样时间：	
试验检测日期		试验条件	
检测依据		判定依据	
主要仪器设备名称及编号			

试件编号	测试序号	容器干燥质量(g)	负压容器在25℃水中的质量(g)	干燥试样在空气中质量(g)	负压容器与试样在25℃水中的总质量(g)	试验温度(℃)	沥青混合料理论最大相对密度		沥青混合料25℃理论最大密度(g/cm^3)
							单值	平均值	

附加声明：

检测：　　　　　记录：　　　　　复核：　　　　　　　　　日期：　　年　　月　　日

沥青路面混合料沥青矿料级配试验检测记录表

检测单位名称：　　　　　　　　　　　　　　　　　　　　　　　　记录编号：

工程名称									
工程部位/用途									
样品信息	样品名称： 样品状态：				样品编号： 来样时间：				
试验检测日期					试验条件				
检测依据					判定依据				
主要仪器设备名称及编号									
试验序号	第 1 组				第 2 组				平均值
容器中留下的集料干燥质量(g)									
沥青混合料中矿料总质量(g)									
筛孔尺寸(mm)	筛上质量 m_i(g)	分计筛余(%)	累计筛余(%)	通过百分率(%)	筛上质量 m_i(g)	分计筛余(%)	累计筛余(%)	通过百分率(%)	平均通过百分率(%)
筛底									
筛分后总质量 $\sum m_i$ (g)									
损耗 m_5(g)									
损耗率(%)									
扣除损耗后总质量(g)									
附加声明：									

检测：　　　　记录：　　　　复核：　　　　　　　　日期：　　年　　月　　日

第五章 水泥试验检测技术

水泥是土木工程中应用最广的无机胶凝材料，水泥是一种人造的水硬性胶凝材料。硅酸盐水泥的主要矿物组成是硅酸三钙、硅酸二钙、铝酸三钙和铁铝酸四钙。其中硅酸三钙和硅酸二钙对水泥的强度起主要作用；硅酸三钙和铝酸三钙对水泥的水化热贡献较大；铁铝酸四钙有助于提高水泥的抗折强度，改变矿物组成比例将会显著影响水泥的技术性质，以满足不同的使用要求。普通水泥、矿渣水泥、火山灰质水泥、粉煤灰水泥、复合水泥，与硅酸盐水泥一起统称六大品种水泥。这些水泥是在硅酸盐熟料中掺加适量混合材料，掺加混合材料是为了改善水泥的某些性能，提高水泥产量。在学习混凝土基本概念的基础上有针对性地掌握水泥混凝土试验内容。

水泥试验参数有细度（负压筛、比表面积）、标准稠度用水量、凝结时间、安定性和胶砂强度等。

水泥混凝土试验参数有稠度（坍落度法、维勃稠度法）、凝结时间（贯入阻力法）、泌水率、表观密度、含气量（混合式气压法）、抗压强度、抗弯拉强度等。

本章中的试验方法是依据《公路工程水泥及水泥混凝土试验规程》（JTG 3420—2020）中的规定进行编写的。

第一节 水泥试验方法

一、水泥细度试验（筛析法）

1. 目的与适用范围

本试验方法适用于通用硅酸盐水泥、道路硅酸盐水泥及指定采用本方法的其他品种水泥与矿物掺和料。

2. 仪器设备

（1）试验筛：分负压筛和水筛两种。

（2）负压筛析仪：可调负压 4000～6000Pa，其他参照《水泥标准筛和筛析仪》（JC/T 728—2005）中要求。

（3）天平：量程应不小于 100g，感量不大于 0.01g。

3. 试验准备

水泥样品应充分拌匀，通过 0.9mm 方孔筛，记录筛余物情况，要防止过筛时混进其他粉体。

4. 试验步骤（负压筛法）

（1）在进行筛析试验前，应把负压筛放在筛座上，盖上筛盖，接通电源，检查控制系统，调节负压筛至4000～6000Pa。

(2)称取水泥试样10g，精确至0.01g。

(3)将试样置于洁净的负压筛中，放在筛座上，盖上筛盖开动筛析仪连续筛析120s，在此期间若有试样附着在筛盖上，可轻轻地敲击筛盖使试样落下。筛毕，用天平称量全部筛余物质量，精确至0.01g。

(4)当工作负压小于4000Pa时，应清理吸尘器内水泥，使负压恢复正常。

(5)试验筛必须保持清洁，筛孔通畅，使用10次后要进行清洗。金属筛框、铜丝网筛洗时应用专门清洗剂，不可使用弱酸浸泡。

5. 试验步骤(水洗法)

(1)在进行筛析试验前，调整好水压及水筛架的位置，使其能正常运转。喷头底面和筛网之间的距离为35～75mm。

(2)称取试样50g，置于洁净的水筛中，立即用淡水冲洗至大部分细粉通过后，将水筛放在水筛架上，用水压为(0.05±0.02)MPa的喷头连续冲洗180s。筛毕，用少量水把筛余物冲至蒸发皿中，等水泥颗料全部沉淀后，小心地倒出清水，烘干并用天平称量筛余物，精确至0.01g。

6. 试验结果计算

(1)筛分结果计算

水泥试样的筛余百分数按式(5-1)计算，结果精确至0.1%：

$$F=\frac{R_s}{m}\times 100\% \qquad (5-1)$$

式中：F——水泥试样的筛余百分率(%)；

R_s——水泥筛余物的质量(g)；

m——水泥试样的质量(g)。

(2)筛余结果的修正

水泥样的筛分结果修正按式(5-2)计算：

$$F_c=C\times F \qquad (5-2)$$

式中：F_c——水泥试样修正后的筛余百分率(%)；

C——试验筛修正系数；

F——水泥试样修正前的筛余百分率(%)。

7. 结果处理

(1)以两次平行试验结果(经修正系数修正)的算术平均值为测定值，结果精确至0.1%；当两次筛余结果相差大于0.3%时，试验数据无效，需重新进行试验。

(2)当负压筛法与水洗法测定的结果发生争议时，以负压筛法为准。

二、水泥比表面积测定(勃氏法)

1. 目的与适用范围

本试验采用方法规定了勃氏法测定水泥比表面积。

本方法适用于通用硅酸盐水泥及指定采用此方法的其他粉状物料，其比表面积为 $2000\sim6000cm^2/g$，但不适用于测定多孔材料及超细粉状物料。

2. 仪器设备

(1)仪具：Blaine 透气仪符合现行《勃氏透气仪》(JC/T 956—2014)中的规定。

(2)天平：感量为 0.001g。

(3)秒表：分度值为 0.5s。

(4)基准材料：应采用符合现行《水泥细度和比表面积标准样品》(GSB 14—1511—2014)或同等级的其他标准物质，有争议时以前者为准。

3. 仪器校准

1)漏气检查

将透气筒上口用橡皮塞塞紧，接到压力计上。用抽气装置从压力计一臂中抽出部分气体，关闭阀门，观察是否漏气。若漏气，则应用活塞油脂加以密封。

2)空隙率 ε 的确定

空隙率是指试料层中空隙的体积与试料层总体积之比。P·I、P·II 型水泥的空隙率采用 $0.500\%\pm0.005\%$，其他水泥和粉料的空隙率选用 $(0.53\pm0.005)\%$。

3)试料层体积的测定

水银排代法：将两片滤纸沿圆筒壁放入透气圆筒内，用一个略比透气筒小的细长棒向下按，直到滤纸被平整地放在金属的穿孔板上。然后装满水银，用一块薄玻璃板轻压水银表面，使水银面与筒口齐平，并保证在玻璃板和水银之间没有气泡或空洞存在。从筒中倒出水银，称量 P_1，重复几次测定，直到数值基本不变为止。然后从圆筒中取出一片滤纸，试用约 3.3g 的水泥，再盖上一片滤纸压实好水泥层。再在圆筒上部空间注入水银，同上述方法除去气泡、压平、倒出水银称量 P_2，重复几次，直到水银称量值相差小于 0.05g 为止。圆筒内的试料层体积按式(5-3)计算，结果精确至 $0.001cm^3$：

$$V=\frac{P_1-P_2}{\rho} \tag{5-3}$$

式中：V——试料层体积(cm^3)；

P_1——未装水泥时，充满圆筒的水银质量(g)；

P_2——装水泥后，充满圆筒的水银质量(g)；

ρ——试验温度下的水银密度(g/cm^3)。

试料层体积至少要测定两次，两次数值相差不超过 $5\times10^{-9}m^3$，取平均值为测定值，精确至 $10^{-10}m^3$。

4. 试样制备

(1)将(110±5)℃下烘干并在干燥器中冷却到室温的标准试样，倒入 100mL 的密封瓶内，用力摇动 2min，将结块成团的试样振碎，使试样松散。静置 2min 后，打开瓶盖，轻轻搅拌，使在松散过程中落到表面的细粉，分布到整个试样中。

(2)水泥试样，先通过 0.9mm 方孔筛，再在(110±5)℃下烘干，并在干燥器中冷却至室温。

5. **确定试样量**

校正试验用的标准试样量和被测定水泥质量，应达到在制备的试料层中的空隙率为(0.500±0.005)%，并按式(5-4)计算(结果精确至0.001g)：

$$W=\rho V(1-\varepsilon) \tag{5-4}$$

式中：W——需要的试样量(kg)；

ρ——试样密度(kg/m^3)；

V——试料层体积(m^3)；

ε——试料层的空隙率(%)。

6. **试料层制备**

将穿孔板放入透气筒的顶端，用一根直径比圆筒略小的细棒把一片滤纸送到穿孔板上，边缘压紧。称取试样量W，精确至1mg，倒入圆筒。轻敲圆筒的边，使水泥层表面平坦。再放入一片滤纸，用捣器均匀捣实试料直至捣器的支持环紧紧接触圆筒顶边并旋转两周，慢慢取出捣器。

7. **透气试验**

(1)在装有试料层的透气圆筒下锥面涂一薄层油脂，然后连接至压力计顶端锥形中上，旋转1～2周(不应振动所制备的试料层)，要保证紧密连接不致漏气。

(2)打开微型电磁泵慢慢从压力计一臂中抽出空气，直到压力计内液面上升到扩大部下端时关闭阀门。当压力计内液体的弯月液面下降到第一个刻度线开始计时，当液体的弯月液面下降到第二条刻度线时停止计时，记录液面从第一刻度线下降到第二刻度线所经历的时间，以秒表(s)记录，并记录试验时的温度(℃)。

8. **试验结果计算**

(1)当被测物料的密度、试料层中的空隙率均与标准试样相同，试验时温差不超过±3℃时，可按式(5-5)计算：

$$S_c=\frac{S_s\sqrt{T}}{\sqrt{T_s}} \tag{5-5}$$

若试验时温差超过±3℃，则按式(5-6)计算：

$$S_c=\frac{S_s\sqrt{T}\sqrt{\eta_s}}{\sqrt{T_s}\sqrt{\eta}} \tag{5-6}$$

式中：S_c——被测试样的比表面积(cm^2/g)；

S_s——标准试样的比表面积(cm^2/g)；

T——被测试样试验时，压力计中液面降落测得的时间(s)；

T_s——标准试样试验时，压力计中液面降落测得的时间(s)；

η——被测试样在试验温度下的空气黏度(Pa·s)；

η_s——标准试样在试验温度下的空气黏度(Pa·s)。

(2)当被测试样试料层中的空隙率与标准试样试料层中空隙率不同，试验时温差不超过±3℃时，可按式(5-7)计算：

$$S_c=\frac{S_s\sqrt{T}(1-\varepsilon_s)\sqrt{\varepsilon^3}}{\sqrt{T_s}(1-\varepsilon)\sqrt{\varepsilon_s^3}} \tag{5-7}$$

若试验时温差超过±3℃，则按式(5-8)计算：

$$S_c=\frac{S_s\sqrt{T}(1-\varepsilon_s)\sqrt{\varepsilon^3}\sqrt{\eta_s}}{\sqrt{T_s}(1-\varepsilon)\sqrt{\varepsilon_s^3}\sqrt{\eta}} \tag{5-8}$$

式中：ε——被测试样试料层中的空隙率(%)；

ε_s——标准试样试料层中的空隙率(%)。

(3)当被测试样的密度和空隙率均与标准试样不同，试验温差不超过±3℃时，可按式(5-9)计算：

$$S_c=\frac{S_s\sqrt{T}(1-\varepsilon_s)\sqrt{\varepsilon^3}\rho_s}{\sqrt{T_s}(1-\varepsilon)\sqrt{\varepsilon_s^3}\rho} \tag{5-9}$$

若试验温差超过±3℃，则按式(5-10)计算：

$$S_c=\frac{S_s\sqrt{T}(1-\varepsilon_s)\sqrt{\varepsilon^3}\rho_s\sqrt{\eta_s}}{\sqrt{T_s}(1-\varepsilon)\sqrt{\varepsilon_s^3}\rho\sqrt{\eta}} \tag{5-10}$$

式中：ρ——被测试样的密度(g/cm^3)；

ρ_s——标准试样的密度(g/cm^3)。

(4)水泥比表面积应由两次透气试验结果的平均值确定，精确至 $10cm^2/g$。若两次试验结果相差超过平均值的2%，应重新进行试验。

三、水泥标准稠度用水量、凝结时间、安定性试验

1. 目的与适用范围

本试验方法适用于通用硅酸盐水泥、道路硅酸盐水泥及指定采用本方法的其他品种水泥。

2. 仪器设备

(1)水泥净浆搅拌机：符合现行《水泥净浆搅拌机》(JC/T 729—2005)的规定。

(2)维卡仪：符合现行《水泥净浆标准稠度与凝结时间测定仪》(JC/T 727—2005)的规定。

(3)水泥净浆试模：试模深(40±0.2)mm，圆锥台顶为(65±0.5)mm、底内径为(75±0.5)mm，每只试模应配备一个边长或直径约为100mm、厚度为4～5mm平板玻璃底板或金属板。

(4)沸煮箱：符合现行《水泥安定性试验用沸煮箱》(JC/T 955—2005)的规定。

(5)雷氏夹及其测定仪：标尺最小刻度为0.5mm。

(6)天平：量程不小于1000g，感量不大于1g。

(7)量水器：分度值0.5mL。

(8)水泥标准养护箱：温度控制在(20±1)℃，相对湿度大于90%。

3. 试验环境

(1)温度为(20±2)℃，相对湿度大于50%。

(2)水泥试样、拌和水、仪器和用具温度应与试验室内温度一致。

4. **水泥净浆的拌制**

用水泥净浆搅拌机搅拌时，应先用湿布擦拭搅拌锅和搅拌叶片，将拌和水倒入搅拌锅内，然后在5～10s内小心地将称好的500g水泥加入水中，防止水和水泥溅出；拌和时，先将锅放在搅拌机的锅座上，升至搅拌位置，启动搅拌机，低速搅拌120s，停15s，同时将叶片和锅壁上的水泥浆刮入锅中，接着高速搅拌120s后停机。

5. **标准稠度用水量测定步骤(标准法)**

(1)拌和结束后，立即取适量水泥净浆一次性将其装入已置于玻璃板上的试模中，浆体超过试模上端，用宽约25mm的小直边刀轻轻拍打超出试模部分的浆体5次以消除浆体中的孔隙，然后在试模上面约1/3处，略倾斜于试模分别向外轻轻锯掉多余净浆，再从试模边缘轻抹顶部一次，使净浆表面光滑。在锯掉多余的净浆和抹平净浆的操作过程中，注意不要压实净浆。

(2)抹平净浆后迅速将试模和底板移至维卡仪上，并将其中心定在试杆下，降低试杆直至与水泥净浆表面接触，拧紧螺钉1～2s后，突然放松，使试杆垂直自由地沉入水泥净浆中。在试杆停止沉入或释放试杆30s时记录试杆到底板的距离，升起试杆，立即擦净。

(3)整个操作应在搅拌后90s内完成。以试杆沉入净浆并距底板(6±1)mm的水泥净浆为标准稠度净浆。其拌和水量为该水泥的标准稠度用水量P，按水泥质量的百分计，结查精确至1%。

(4)当试杆距玻璃板小于5mm时，应适当减水，重复水泥净浆的拌制和上述过程；若距离大于7mm，则应适当加水，并重复水泥净浆的拌制和上述过程。

6. **初凝时间测定**

(1)记录水泥全部加入水中至初凝状态的时间作为初凝时间，用“min”计。

(2)试件在水泥标准养护箱中至加水后30min时进行第一次测定。测定时，从水泥标准养护箱取出试模放到试针下，降低试针使之与净浆表面接触。拧紧螺钉1～2s后，突然放松，使试针垂直自由地沉入净浆中。观察试针停止沉入或释放试针30s时指针的读数。

(3)临近初凝时每隔5min(或更短时间)测定一次，当试针沉入至底板(4±1)mm时，为水泥达到初凝状态。

(4)当达到初凝时应立即重复测一次，当两次结论相同时才能确定达到初凝状态。

7. **终凝时间测定**

(1)记录水泥全部加入水中至初凝状态的时间作为初凝时间，用“min”计。

(2)在完成初凝时间测定后，立即将试模连同浆体以平移的方式从玻璃底板下翻转180°，倒置在玻璃板上，再放入水泥标准养护箱中继续养护。

(3)临近终凝时间时每隔15min(或更短时间)测定一次，当试针沉入试件0.5mm时，即环形附件开始不能在试件上留下痕迹时，水泥达到终凝状态。

(4)当达到终凝时需要在试件另外两个不同点测试，结论相同时才能确定达到终凝状态。

8. **测定时的注意事项**

在最初测定的操作时应轻轻扶持金属柱，使其徐徐下降，以防试针撞弯，但结果以自由下落为准；在整个测试过程中，试针沉入的位置至少要距试模内壁10mm，每次测定不能让试针落入原针孔，每次测试完毕须将试针擦净并将试模放回水泥标准养护箱内，整个过程要防止试模振动。

9. **安定性测定(标准法)**

(1)每个试样需成型两个试件,每个雷氏夹需配备质量为75～85g的玻璃板两块,凡与水泥净浆接触的玻璃板和雷氏夹内表面都要稍稍涂上一层油。

(2)将预先准备好的雷氏夹放在已稍擦油的玻璃板上,立刻将制备好的标准净浆一次性装满雷氏夹,装浆时一只手轻轻扶持雷氏夹,另一只手用宽约25mm的小刀插捣3次后抹平,盖上稍涂油的玻璃板,立即移至水泥标准养护箱内养护(24±2)h。

(3)调整好沸煮箱内的水位,使能保证在整个沸煮过程中都超过试件,不需中途添加试验用水,同时又能保证在(30±5)min内升至沸腾。

(4)脱去玻璃板取下试件,先检查试件是否完整。

(5)测量雷氏夹指针尖端间的距离A,精确到0.5mm,接着指针朝上将试件放入沸煮箱内的试件架上,在(30±5)min内加热水至沸腾,并恒沸(180±5)min。沸煮结束后,立即放掉沸煮箱内的热水,打开箱盖,待箱体冷却至室温,取出试件进行判定。测定雷氏夹指针尖距离C,精确到0.5mm。当两个试件煮后增加距离($C-A$)的平均值不大于5.0mm时,即认为该水泥安定性合格;当两个试件煮后增加距离($C-A$)的平均值大于5.0mm时,应用同一样品重做一次试验,以复检结果为准。

四、水泥胶砂强度试验

1. **目的与适用范围**

本试验方法适用于通用硅酸盐水泥、道路硅酸盐水泥及指定采用本方法的其他品种水泥。

2. **仪器设备**

(1)胶砂搅拌机:符合现行《行星式水泥胶砂搅拌机》(JC/T 681—2005)的规定。

(2)振实台:符合现行《水泥胶砂试体成型振实台》(JC/T 682—2005)的规定。

(3)试模:符合现行《水泥胶砂试模》(JC/T 726—2005)的规定。

(4)抗折试验机:符合现行《水泥胶砂电动抗折试验机》(JC/T 724)的规定。

(5)抗压试验机:以200～300kN为宜,荷载精度±0.1%,加荷速率(2400±200)N/s。

(6)抗压夹具:符合现行《40mm×40mm水泥抗压夹具》(JC/T 683—2005)的规定。

(7)天平:量程不小于2000g,感量不大于1g。

(8)水泥:水泥试样从取样到试验要保持24h以上时,应将其储存在基本装满和气密的容器中,这个容器不能与水泥发生反应。

(8)试验用砂:ISO标准砂。

(9)试验用水:为饮用水。仲裁试验时用蒸馏水。

3. **试验环境**

(1)试件成型实验室应保持温度为(20±2)℃,相对湿度大于50%(包括强度实验室)。水泥试样、ISO标准砂、拌和水及试模等的温度应与室温相同。

(2)养护箱控制温度为(20±1)℃,相对湿度大于90%,养护水温度为(20±1)℃。

(3)试件成型试验室空气温度和相对湿度在工作期间每天早晚至少各记录一次。养护箱或雾室温度和相对湿度至少每4h记录一次。

4. 试件成型

(1)成型前将试模擦净，在模板的四周与底座的接触面上应涂黄油，紧密装配，防止漏浆，内壁均匀地刷一薄层机油。

(2)水泥与ISO砂的质量比为1∶3，水灰比为0.5。

(3)每成型三条试件需称量的材料用量为：水泥(450±2)g；ISO砂(1350±5)g；水(225±1)mL。

(4)先将水加入锅中，再加入水泥，把锅放在固定架上并上升至固定位置。然后立即开动机器，低速搅拌30s后，在第二个30s开始的同时均匀加入砂子，再高速搅拌30s。停90s。在停拌中的第一个15s内用胶皮刮具将叶片和锅壁上的胶砂刮入锅中。在高速下继续搅拌60s。各个阶段时间误差应在±1s内。

(5)用振实台成型时，将空试模固定在振实台上，用合适的勺子直接从搅拌锅中将胶砂分为两层装入试模。装第一层时，每个槽里约放300g砂浆，将大播料器垂直架在模套顶部，沿每个槽来回将料播平，接着振实60次。再装入第二层，用小播料器播平，再振实60次。移走模套，从振实台上取下试模，用刮尺以90°的角度架在试模顶的一端，沿试模长度方向以横向锯切动作慢慢将多余胶砂刮去。并用同一直尺将试件表面抹平。

(6)在试模上做标记或加字条标明试件的编号和试件相对于振实台的位置。两个龄期以上的试件，编号时应将同一试模中的三个试件分在两个以上龄期内。

(7)在试验前或更换水泥品种时，须将搅拌锅、叶片和下料漏斗等抹擦干净。

5. 试件养护

(1)对试模编号后，将试模放入养护箱养护，养护箱内箅板必须水平。水平放置时刮平面应朝上。对于24h龄期内的，应在破型试验前20min内脱模。对于24h以上龄期的，应在成型后20～24h内脱模。脱模时要非常小心，应防止试件损伤。硬化较慢的水泥允许延期脱模，但必须记录脱模时间。

(2)试件脱模后应立即放入水槽中养护，试件之间间隙和试件上表面的水深不得小于5mm。每个养护池中只能养护同类水泥试件，并应随时加水，保持恒定水位，不允许养护期间全部换水。

(3)除24h龄期或延迟48h脱模试件外，任何到龄期的试件应在试验(破型)前15min从水中取出。抹去试件表面沉淀物，并用湿布覆盖。

6. 抗折强度试验

(1)以中心加荷法测定抗折强度。

(2)采用杠杆式抗折试验机试验时，在试件放入前，应使杠杆成水平状态，将试件成型侧面朝上放入抗折试验机内。试件放入后调整夹具，使杠杆在试件折断时尽可能地接近水平位置。

(3)启动机器，加荷速度为(50±10)N/s，直至折断，并保持两个半截棱柱体试件处于潮湿状态直至抗压强度试验。

(4)抗折强度按式(5-11)计算，结果精确至0.1MPa。

$$R_f = \frac{1.5F_f \cdot L}{b^3} \tag{5-11}$$

式中：R_f——抗折强度(MPa)；

F_f——破坏荷载(N)；

L——支撑圆柱中心距(mm)；

b——试件断面正方形的边长，为40mm。

(5)抗折强度结果取3块试件的平均值，精确至0.1MPa。当3个强度值中有超过平均值±10%的，应剔除后再平均，以平均值作为抗折强度结果。

7. 抗压强度试验

(1)对抗折试验后的断块应立即进行抗压试验。抗压试验必须用抗压夹具进行，试件受压面为试件成型时的两个侧面，面积为40mm×40mm。在试验前应清除试件受压面与加压板间的砂粒或杂物。试验时以试件的侧面作为受压面，试件的底面靠紧夹具定位销，并使夹具对准压力机压板中心。

(2)压力机的加荷速度应控制在(2400±200)N/s速率范围内，在接近破坏时更应严格掌握。

(3)抗压强度按式(5-12)计算，结果精确至0.1MPa。

$$R_c=\frac{F_c}{A} \tag{5-12}$$

式中：R_c——抗压强度(MPa)；

F_c——破坏荷载(N)；

A——受压面积，$40mm \times 40mm = 1600mm^2$。

(4)抗压强度结果为一组6个试件的强度平均值，精确至0.1MPa。若有一个值超过平均值的±10%，剔除该值后以剩下5个值的平均值作为结果。若5个值中再有超过平均值的±10%，则该组试件无效。

第二节　水泥混凝土试验方法

一、水泥混凝土拌合物的稠度试验(坍落度法)

1. 目的与适用范围

本试验规定了采用坍落度仪测定水泥混凝土拌合物稠度的方法和步骤。

本试验方法适用于坍落度大于10mm，集料公称最大粒径不大于31.5mm的水泥混凝土的坍落度测定。

2. 仪器设备

(1)坍落度筒：符合现行《混凝土坍落度仪》(JG/T 248—2009)的规定。

(2)捣棒：直径16mm，长约600mm，并具有半球形端头的钢质圆棒。

(3)钢尺：分度值为1mm。

(4)其他：小铲、喂料斗、抹刀和钢平板等。

3. 试验步骤

(1)在试验前先将坍落度筒内冲洗干净，放在水润湿过的平板上(平板吸水时应垫以塑料布)，踏紧脚踏板。

(2)将代表样分3层装入筒内：每层装入高度稍大于筒高的1/3，用捣棒在每一层的横截面上均匀插捣25次，在全部面积上沿螺旋线由边缘至中心进行插捣。插捣底层时插至底部，插捣其他两层时，应插透本层并插入下层20～30mm处，插捣棒须垂直压下(边缘部分除外)，不得冲击。

(3)在插捣顶层时，装入的混凝土应高出坍落筒，随插捣过程随时添加拌合物，当顶层插捣完毕后，用捣棒做锯和滚的动作，以清除掉多余的混凝土，用抹刀抹平筒口，刮净筒底周围的拌合物，而后立即垂直地提起坍落度筒，提筒在3～7s内完成，并使混凝土不受横向力及扭力作用。从开始装筒至提起坍落度筒的全过程，在150s内完成。

(4)将坍落度筒放在锥体混凝土试样一旁，筒顶平放木尺，用小钢尺量出目标尺底面至试样顶面中心的垂直距离，即为该混凝土拌合物的坍落度，精确到1mm。

(5)当混凝土试件的一侧发生崩坍或一边剪切破坏时，应重新取样另测。如果第二次仍发生上述情况，则表示该混凝土和易性差，应记录。

(6)当水泥混凝土拌合物的坍落度大于160mm时，用钢尺测量混凝土扩展度后最终的最大直径和最小直径，在这两个直径之差小于50mm的条件下，用其算术平均值作为坍落度扩展度值；否则，此次试验无效。

(7)在进行坍落度试验的同时，可用目测方法评定混凝土拌和物的下列性质，并做记录。

① 棍度：

上：表示插捣容易。

中：表示插捣时稍有石子阻滞的感觉。

下：表示很难插捣。

② 含砂情况，按拌合物外观含砂多少而评定，分多、中、少三级。

多：表示用抹刀抹拌和物表面时，一两次即可使拌和物表面平整无蜂窝。

中：表示抹五六次才使表面平整无蜂窝。

少：表示抹面困难，不易抹平，有空隙及石子外露等现象。

③ 黏聚性：观测拌合物各组成成分相互粘聚情况。评定方法用捣棒在已坍落的混凝土锥体一侧轻打，若锥体在轻打后渐渐下沉，表示粘聚性良好；若锥体突然倒坍，部分崩裂或发生石子离析现象，则表示粘聚性差。

④ 保水性：指水分从拌合物中析出情况，分多量、少量、无三级评定。

多量：表示提起坍落筒后，有较多水分从底部析出。

少量：表示提起坍落筒后，有少量水分从底部析出。

无：表示提起坍落度筒后，没有水分从底部析出。

4. 试验结果计算

水泥混凝土拌合物坍落度和坍落扩展度值以毫米(mm)为单位，测量值精确至1mm，结果修约至5mm。

二、水泥混凝土拌合物体积密度试验

1. 目的与适用范围

本试验规定了水泥混凝土拌合物体积密度的试验方法。

本试验方法适用于测定水泥混凝土拌合物捣实后的体积密度。

2. 仪器设备

(1)试样筒:试样筒为刚性金属圆筒,两侧装有把手,筒壁坚固且不漏水,对于集料公称最大粒径不大于 31.5mm 的拌合物,宜采用 5L 的容量筒,其内径与内高均为(186±2)mm,壁厚不小于 3mm。对于集料公称最大粒径大于 31.5mm 的拌合物所采用的试样筒,其内径与内高均应大于集料公称最大粒径的 4 倍。

(2)捣棒:直径 16mm,长约 600mm,并具有半球形端头的钢质圆棒。

(3)电子天平:量程不小于 50kg,感量不大于 10g。

(4)振动台:符合现行《混凝土试验用振动台》(JG/T 245—2009)的规定。

(5)其他:金属直尺、抹刀、玻璃板等。

3. 试验步骤

(1)试验前用湿布将量筒内外擦拭干净,称出质量 m_1,精确至 10g。

(2)当坍落度大于 90mm 时,宜用捣棒插捣密实。插捣时,应根据容量筒的大小决定分层与插捣次数:用 5L 的容量筒,可将混凝土拌合物分两层装入,每层插捣次数为 25 次;用大于 5L 的容量筒时,每层混凝土高度不应大于 100mm,每层插捣次数按每 10000mm^2 截面不小于 12 次计算。用捣棒从边缘到中心沿螺旋线均匀插捣;捣棒应垂直压下,不得冲击,捣底层时应至筒底,捣上第二层时,捣棒应插透本层至下一层的表面;每一层捣完后用橡皮锤沿容量筒外壁敲击 5～10 次,进行振实,直至拌合物表面插捣孔消失并不见大泡为止。

(3)当坍落度不大于 90mm 时,宜用振动台振实,振动台振实时,应一次性将混凝土拌合物填至高出容量筒筒口,装料时可用捣棒稍加插捣,振动过程中混凝土低于筒口时,应随时添加混凝土,振动直至拌合物出现水泥浆为止。

(4)用金属直尺齐筒口刮去多余的混凝土,仔细用抹刀抹平表面并用玻璃板检验,而后擦净容量筒外部并称其质量 m_2,精确至 10g。

4. 试验结果计算

(1)按式(5-13)计算水泥混凝土拌合物体积密度,结果精确至 10kg/m^3:

$$\rho_h=\frac{m_2-m_1}{V}\times 100 \tag{5-13}$$

式中:ρ_h——水泥混凝土拌合物体积密度(kg/m^2);

m_1——试样筒质量(kg);

m_2——捣实或振实后混凝土和试样筒的总质量(kg);

V——容量筒容积(L)。

(2)以两次试验结果的平均值作为测定值,精确至 10kg/m^3,试样不得重复使用。

三、拌合物凝结时间试验

1. 目的与适用范围

本试验规定了贯入阻力法测定水泥混凝土拌合物凝结时间的试验方法。

本试验方法适用于各通用水泥和常见外加剂,以及不同水泥混凝土配合比、坍落度不为零的水泥混凝土拌合物的凝结时间的测定。

2. 仪器设备

(1)贯入阻力仪：最大测量值不小于1000N，刻度盘分度值为10N。

(2)测针：长约100mm，平面针头圆面积分$100mm^2$、$50mm^2$和$20mm^2$共3种，在距离贯入端25mm处刻有标记。

(3)试样筒：上口直径为160mm，下口直径为150mm，净高150mm的刚性容器并配有盖子。

(4)捣棒：直径16mm，长600mm，一端为半球形的铜质圆棒。

(5)标准筛：孔径4.75mm。

(6)振动台：符合现行《混凝土试验用振动台》(JG/T 245—2009)的规定。

(6)其他：铁制拌和板、吸液管和玻璃片等。

3. 试样制备

(1)取水泥混凝土拌合物代表样，用4.75mm筛尽快地筛出砂浆，再经人工翻拌后，装入1个试样筒。每批水泥混凝土拌合物取1个试样，共取3个试样，分装3个试样筒。

(2)对于坍落度不大于90mm的混凝土，宜用振动台振实砂浆，振动应持续到表面出浆为止且应避免过振；对于坍落度大于90mm的宜用捣棒人工捣实，沿螺旋方向由外到中心均匀插捣25次，然后用橡胶锤轻击试样筒侧壁，以排除在捣实过程中留下的空洞。进一步整平砂浆的表面，使其低于试模上沿约10mm，砂浆试样桶应立即加盖。

(3)砂浆试样制备完毕，静置于温度(20±2)℃或尽可能与现场相同的环境中，并在此后的试验中，环境温度始终保持(20±2)℃。在整个测试过程中，除吸去泌水或贯入试验外，试样筒应始终加盖。

(4)砂浆试样制备完毕约1h后，将试件一侧稍微垫高约20mm，使其倾斜静置约2min，用吸管吸去泌水。以后每次测试前约2min，同上步骤，用吸管吸去泌水(低温或缓凝的混凝土拌合物试样，静置与吸水间隔时间可适当延长)。若在贯入测试前还有泌水，也应吸净。

(5)凝结时间测定从搅拌加水开始计时。根据混凝土拌合物的性能，确定测针试验时间，以后每间隔0.5h测试一次，在临近初凝和终凝时，应缩短测试间隔时间。

4. 试验步骤

(1)测试时，将砂浆试样筒放在贯入阻力仪上，测针端面刚刚接触砂浆表面，然后转动手轮，使测针在(10±2)s内垂直且均匀地插入试样内，深度为(25±2)mm，记下刻度盘显示的增量，精确至10N。并记下从开始加水拌和起所经历的时间(精确至1min)及环境温度(精确至0.5℃)。

(2)测定时，每个试样筒每次测1～2个点，各测点的间距不小于15mm。测点与试样筒壁的距离不小于25mm。

(3)每个试样的贯入测试不少于6次，直到单位面积阻力应大于28MPa为止。

(4)根据砂浆凝结状况，在测试过程中应以测针承压面积从大到小顺序更换测针，一般当砂浆表面测孔边出现微裂缝时，应更换较小截面积的测针。更换测针应按表5-1中的规定选用。

表 5-1 测针选用参考

单位面积贯入阻力(MPa)	0.2～3.5	3.5～20.0	20.0～28.0
平头测针面积(mm^2)	100	50	20

5. 试验结果计算

(1)单位面积贯入阻力按式(5-14)计算，结果精确至 0.1MPa：

$$f_{PR}=\frac{P}{A} \tag{5-14}$$

式中：f_{PR}——单位面积贯入阻力(MPa)；

P——测针贯入深度为 25mm 时的贯入压力(N)；

A——贯入测针的截面面积(mm^2)。

(2)凝结时间宜按式(5-15)通过线性回归方法确定。根据式(5-15)，当单位面积贯入阻力为 3.5MPa 时，对应的时间应为初凝时间；当单位面积贯入阻力为 28MPa 时，对应的时间应为终凝时间。

$$\ln t=a+b\ln f_{PR} \tag{5-15}$$

式中：t——单位面积贯入阻力对应的测试时间(min)；

a、b——线性回归系数。

(3)凝结时间可用绘图拟合方法确定。以单位面积贯入阻力为纵坐标，测试时间为横坐标，绘制单位面积贯入阻力与测试时间关系曲线。经 3.5MPa 及 28MPa 画两条平行于横坐标的直线，则直线与曲线的相交点的横坐标即为初凝时间及终凝时间，如图 5-1 所示。

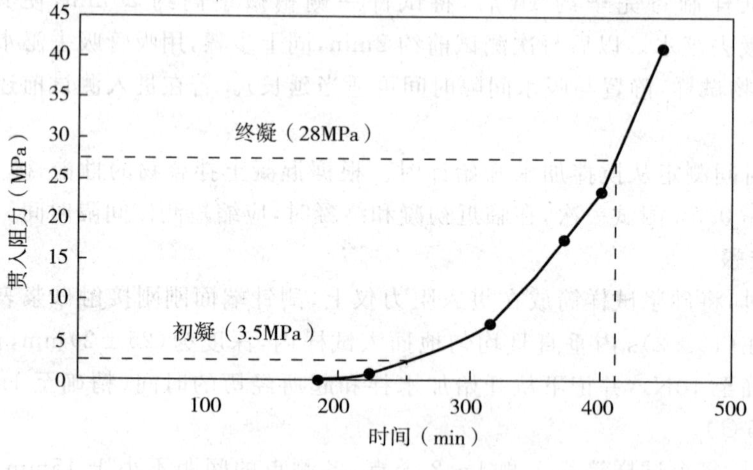

图 5-1 时间-贯入阻力曲线

(4)以 3 个试样的初凝时间和终凝时间的算术平均值作为此次试样初凝时间和终凝时间的试验结果。凝结时间用 min 表示，并精确至 5min。3 个测值中的最大值或最小值，如果有一个与中间值之差超过中间值的 10%，则以中间值为试验结果；如果最大值和最小值与中间值之差均超过中间值的 10%时，则试验无效，应重新进行试验。

四、水泥混凝土拌合物含气量试验方法

1. 目的与适用范围

本试验规定了采用混合式气压法测定水泥混凝土拌合物含气量的试验方法。

本试验方法适用于集料公称最大粒径不大于 31.5mm、含气量不大于 10%且坍落度不为零的水泥混凝土拌合物。

2. 仪器设备

(1)混合气压法含气量测定仪:包括量钵和量钵盖,钵体与钵盖之间有密封圈。

(2)测定仪附件:校正管、100mL 的量筒、注水器、水平尺、捣棒。

(3)压力表:量程为 0.25MPa;分度值为 0.01MPa。

(4)台秤:量程 50kg,感量不大于 10g。

(5)橡皮锤:应带有质量约 250g 的橡胶锤头。

(6)捣棒:直径 16mm,长 600mm,一端为半球形的铜质圆棒。

(7)振动台:符合现行《混凝土试验用振动台》(JG/T 245—2009)的规定。

3. 仪器标定

(1)量钵容积的标定

先称出含气量测定仪量钵和玻璃板的总质量,然后将量钵加满水,用玻璃板沿量钵顶面平推,使量钵内盛满水且玻璃板下无气泡。擦干钵体外表面连同玻璃板一起称重。两次质量的差值除以该温度下水的密度即为量钵的容积 V。

(2)含气量 0%点的标定

把量钵加满水,将校正管(2)接在钵盖下面小龙头的端部。将钵盖轻轻放在量钵上,用夹子夹紧使其气密良好并用水平仪检查仪器的水平程度。打开小龙头,松开排气阀,用注水器从小龙头处加水,直至排气阀出水口冒水为止。然后拧紧小龙头和排气阀,此时钵盖和钵体之间的空隙被水充满。用手泵向气室内充气,使表压稍大于 0.1MPa,然后用微调阀调整表压使其为 0.1MPa。接下阀门杆 1~2 次,使气室的压力气体进入量钵内,读取压力表读数,此时指针所示压力相当于 0%。

(3)含气量 1%~10%的标定

含气量 0%标定后,将校正管(1)接在钵盖小龙头的上端,然后按一下阀门杆,慢慢打开小龙头,量钵中的水就通过校正管(1)流到量筒中。当量筒中的水为量钵容积的 1%时,关闭小龙头。

打开排气阀,使量钵内的压力与大气压平衡,然后重新用手泵加压,并用微调阀准确地调到 0.1MPa。按 1~2 次阀门杆,此时测得的压力表读数值相当于含气量 1%,同样的方法可测得含气量 2%、3%~10%的压力表读数值。

以压力表读数值为横坐标,含气量为纵坐标,绘制含气量与压力表读值关系曲线。

4. 集料含气量 *C* 测定

(1)按式(5-16)和式(5-17),分别计算试样中粗、细集料的质量

$$m_g = \frac{V}{1000} \times m_g' \tag{5-16}$$

$$m_s = \frac{V}{1000} \times m_s' \quad (5-17)$$

式中：m_g——拌合物试样中粗集料质量(kg)；

m_g'——混凝土配合比中每立方料混凝土的粗集料质量(kg)；

m_s——拌合物试样中细集料质量(kg)；

m_s'——混凝土配合比中每立方料混凝土的细集料质量(kg)。

(2)在容器中先注入1/3高度的水，然后称取质量为m_g、m_s的粗、细集料并搅拌均匀，慢慢倒入容器。加料时同时进行搅拌；水面升高25mm左右时应轻轻插捣10次，并略予搅动，以排除夹杂进去的空气；加料过程中应始终保持水面高出集料顶面；集料全部加入后应浸泡约5min，再用橡胶锤轻敲容器外壁，排净气泡，除去水面气泡，加水至满，擦净容器口边缘；装好密封圈，加盖拧紧螺栓。

(3)关闭微调阀和排气阀，打开排水阀和加水阀，通过加水阀向容器内注入水；当排水阀流出的水流中不出现气泡时，在注水的状态下，关闭加水阀和排气阀。

(4)关闭排气阀，用气泵向气室内注入空气，打开微调阀，使气室内的压力略大于0.1MPa，待压力表显示值稳定后，打开排气阀，并用微调阀调整压力至0.1MPa，然后关闭排气阀。

(5)开启微调阀，使气室里的压缩空气进入容器，待压力表显示稳定后记录显示值C_{g1}；然后开启排气阀，压力仪表应归零。根据含气量与压力值之间的关系曲线确定压力值对应的集料的含气量，精确至0.1%。

(6)重复步骤(2)～(5)，对容器内试样再检测一次，记为C_{g2}。

(7)混凝土所用集料的含气量C值应取两次测值结果C_{g1}、C_{g2}的平均值；两次测量结果相差大于0.5%时，应重新进行试验。

5. 水泥混凝土拌合物含气量测定

(1)擦净量钵与钵盖内表面，并使其水平放置。将新拌水泥混凝土拌合物均匀适量地装入量钵内，用振动台振实，振动时间以15～30s为宜。也可用人工捣实，将拌合物分3层装料，每层插捣25次，插捣上层时捣棒应插透本层至下一层的表面；每层捣完后用橡皮锤沿量筒外壁敲击5～10次。

(2)刮去表面多余的水泥混凝土拌合物，用镘刀抹平，并使其表面光滑无气泡。

(3)擦净钵体和钵盖边缘，将密封圈放于钵体边缘的凹槽内，盖上钵盖，用夹子夹紧，使之气密良好。

(4)按集料含气量C测定(2)～(5)的操作步骤测得水泥混凝土拌合物未校正含气量A_1，结果精确至0.1%。

(5)水泥混凝土拌合物未校正含气量A_1，以两次测量结果的平均值作为试验结果；两次测量结果相差大于0.5%时，应重新进行试验。

6. 试验结果计算

含气量按式(5-18)计算，结果精确到0.1%。

$$A = A_1 - C \quad (5-18)$$

式中：A——水泥混凝土拌合物含气量(%)；

A_1——仪器测定含气量(%)；

C——集料含气量(%)。

五、水泥混凝土拌合物试件成型及养护

1. 拌合物取样

每组试件所用拌合物应从同一盘或同一车中取样。取拌合物的总量至少应比所需量多20%以上，并取出少量混凝土拌合物代表样，在5min内进行坍落度或维勃试验，确认质量合格后，在拌制后尽量短的时间内成型，一般不宜超过15min。

2. 试件成型

(1)坍落度小于25mm混凝土采用ϕ25mm的插入式振捣棒成型。将混凝土拌合物一次性装入试模，装料时应用抹刀沿各试模壁插捣，并使混凝土拌合物高出试模口；振捣时振捣棒距底板10～20mm，且不要接触底板。振捣直到表面出浆为止，且应避免过振，以防止混凝土离析，一般振捣时间为20s。振捣棒拔出时要缓慢，拔出后不得留有孔洞。用刮刀刮去多余的混凝土，在临近初凝时，用抹刀抹平。试件抹面与试模边缘高低差不得超过0.5mm。

(2)坍落度大于25mm且小于90mm的混凝土时，用标准振动台成型。将试模放在标准振动台上，防止试模自由跳动，将拌合物一次性装入试模并稍有富余，开动振动台至混凝土表面出现乳状水泥浆为止，振动过程中随时添加混凝土使试模保持常满状态。记录振动时间(为维勃秒数的2～3倍，一般不超过90s)。振动结束后，用金属直尺沿试模边缘刮除多余混凝土，用抹刀将表面初次抹平，待试件收浆后，再次用抹刀将试件仔细抹平，试件抹面与试模边缘高低差不得超过0.5mm。

(3)坍落度大于90mm混凝土，用人工成型。将拌合物分厚度大致相等的两层装入试模。插捣应沿螺旋方向从边缘至中心均匀地进行，插捣底层混凝土时，捣棒层插至试模底部；插捣上层时，捣棒应插透上层并插入下层20～30mm。插捣时应用力将捣棒压下，保持捣棒垂直，不得冲击，捣完一层后。用橡胶锤轻轻敲打试模外端面10～15下，以填平插捣过程中流下的孔洞。每层插捣次数按100cm^{2}面积内不少于12次计。试件抹面与试模边缘高低差不得超过0.5mm。

3. 试件养护

(1)试件成型后，用湿布覆盖表面(或其他保湿办法)，在室温(20±5)℃，相对湿度大于50%的环境下，静放一个到两个昼夜，然后拆模并作第一次外观检查、编号，对有缺陷的试件应除去或加工补平。

(2)将完好的试件放入标准养护室内，标准养护室温度(20±2)℃，相对湿度大于95%，试件应放在铁架或木架上，间距至少10～20mm，试件表面应保持一层水膜，并避免用水直接冲淋。

(3)标准养护龄期为28d(以搅拌加水开始)，非标准的龄期为1d、3d、7d、60d、90d、180d。

六、水泥混凝土立方体抗压强度试验

1. 目的与适用范围

本试验规定了测定水泥混凝土抗压强度的试验方法。

本试验方法可用于确定水泥混凝土立方体试件的抗压强度试验，也适用于高径比1∶1的钻芯试件。

2. 仪器设备

(1)压力试验机：测量精度为±1%，试件破坏荷载应大于压力机全量程的20%且小于压力机全量程的80%，符合《液压式万能试验机》(GB/T 3159—2008)及《试验机通用技术要求》(GB/T 2611—2007)。

(2)球座：钢质坚硬，面部平整度要求在100mm距离内的高低差不超过0.05mm，球面及球窝粗糙度为0.32μm，研磨、转动灵活。

(3)混凝土强度等级大于或等于C50时，试件周围应设置防崩裂网罩。

3. 试验步骤

(1)至试验龄期时，自养护室取出试件，应尽快试验，避免其湿度变化。

(2)取出试件，检查其尺寸及形状，相对两面应平行。量出棱边长度，精确至1mm。试件受力截面积按其与压力机上下接触面的平均值计算。

(3)在试件破型前，保持试件原有湿度，在试验时擦干试件。以成型时侧面为上下受压面，试件中心应与压力机几何对中。应对圆柱体端面进行处理，以确保端面的平行度。

(4)试验机加荷速度按表5-2中的规定执行。当试件接近破坏而开始迅速变形时，应停止调整试验机油门，直至试件破坏，记下破坏极限荷载F(N)。

表5-2 混凝土抗压加荷速度

混凝土强度等级	＜C30	C30～C60	≥C60
试验机加荷速度(MPa/s)	0.3～0.5	0.5～0.8	0.8～1.0

4. 试验结果计算

(1)混凝土立方体试件抗压强度按式(5-19)计算：

$$f_{cu}=\frac{F}{A} \tag{5-19}$$

式中：f_{cu}——混凝土立方体试件抗压强度(MPa)；

F——极限荷载(N)；

A——受压面积(mm^2)。

(2)以3个试件测值的算术平均值为测定值，计算结果精确至0.1MPa。3个测值中的最大值或最小值若有一个与中间值之差超过中间值的15%，则取中间值为测定值；若最大值和最小值与中间值之差均超过中间值的15%，则该组试验结果无效。

七、水泥混凝土抗弯拉强度试验

1. 目的与适用范围

本试验规定了水泥混凝土抗弯拉强度的试验方法。

本试验方法适用于各类水泥混凝土棱柱体试件。

2. 仪器设备

(1)压力或万能试验机:测量精度为±1%,试件破坏荷载应大于压力机全量程的20%且小于压力机全量程的80%,符合《液压式万能试验机》(GB/T 3159—2008)及《试验机通用技术要求》(GB/T 2611—2007)。

(2)弯拉试验装置:即三分点处双点加荷和三点自由支撑式混凝土抗弯拉强度与抗弯拉弹性模量试验装置。

3. 试件制备和养护

(1)试件标准尺寸为150mm×150mm×550mm,同时在试件长向中部1/3区段内表面不得有直径超过5mm、深度超过2mm的孔洞。

(2)混凝土抗弯拉强度试件应取同龄期者为1组,每组为3根在同条件下制作和养护的试件。

4. 试验步骤

(1)试件取出后,用湿毛巾覆盖并及时进行试验,保持试件干湿状态不变。在试件中部量出其宽度和高度,精确至1mm。

(2)调整两个可移动支座,将试件安放在支座上。试件成型时的侧面朝上,几何对中后,务必使支座及承压面与活动船型垫块的接触面平稳、均匀,否则应垫平。

(3)加荷时,应保持均匀、连续。当混凝土的强度等级小于C30时,加荷速度为0.02～0.05MPa/s;当混凝土强度等级大于或等于C30且小于C60时,加荷速度为0.05～0.08MPa/s;当混凝土的强度等级大于或等于C60时,加荷速度为0.08～0.10MPa/s。当试件接近破坏而开始迅速变形时,不得再调整试验机油门,直至试件破坏,记下破坏极限荷载F(N)。

(4)记录下最大荷载和试件下边缘断裂的位置。

5. 试验结果计算

(1)当断面发生在两个加荷点之间时,抗弯拉强度f_f按式(5-20)计算:

$$f_f=\frac{FL}{bh^2} \tag{5-20}$$

式中:f_f——抗弯拉强度(MPa);

F——极限荷载(N);

L——跨距;

b——试件宽度(mm);

h——试件高度(mm)。

(2)以3个试件测值的算术平均值为测定值。在3个试件中的最大值或最小值中,若有一个与中间值之差超过中间值的15%,则把最大值和最小值舍去,以中间值作为试件的抗弯拉强度;若最大值和最小值与中间值之差均超过中间值15%,则该组试验结果无效。

(3)在3个试件中,若有一个断裂面位于加荷点外侧,则混凝土抗弯拉强度按另外两个试件的试验结果计算。如果这两个测值的差值不大于这两个测值中较小值的15%,则以两个测值的平均值为测试结果,否则结果无效。

(4)如果有两根试件均出现断裂面位于加荷点外侧,则该组试验结果无效。

第三节 常用参数试验记录表格

水泥细度试验检测记录表

检测单位名称：　　　　　　　　　　　　　　　　　　　　　　　　记录编号：

<table>
<tr><td colspan="2">工程名称</td><td colspan="6"></td></tr>
<tr><td colspan="2">工程部位/用途</td><td colspan="6"></td></tr>
<tr><td colspan="2">样品信息</td><td colspan="6"></td></tr>
<tr><td colspan="2">试验检测日期</td><td colspan="2"></td><td>试验条件</td><td colspan="3"></td></tr>
<tr><td colspan="2">检测依据</td><td colspan="2"></td><td>判定依据</td><td colspan="3"></td></tr>
<tr><td colspan="2">主要仪器设备名称及编号</td><td colspan="6"></td></tr>
<tr><td rowspan="2">样品编号</td><td rowspan="2">序号</td><td rowspan="2">筛析用试样质量(g)</td><td rowspan="2">在 80μm 筛上筛余物质量(g)</td><td rowspan="2">修正系数</td><td colspan="3">筛余百分率(%)</td></tr>
<tr><td>检测值</td><td>修正值</td><td>平均值</td></tr>
<tr><td rowspan="2"></td><td></td><td></td><td></td><td></td><td></td><td></td><td rowspan="2"></td></tr>
<tr><td></td><td></td><td></td><td></td><td></td><td></td></tr>
<tr><td rowspan="2"></td><td></td><td></td><td></td><td></td><td></td><td></td><td rowspan="2"></td></tr>
<tr><td></td><td></td><td></td><td></td><td></td><td></td></tr>
<tr><td rowspan="2"></td><td></td><td></td><td></td><td></td><td></td><td></td><td rowspan="2"></td></tr>
<tr><td></td><td></td><td></td><td></td><td></td><td></td></tr>
<tr><td colspan="8">附加声明：</td></tr>
</table>

检测：　　　　　记录：　　　　　复核：　　　　　　　　　日期：　　年　　月　　日

水泥比表面积试验检测记录表(勃氏法)

检测单位名称：　　　　　　　　　　　　　　　　　　　　　　记录编号：

工程名称			
工程部位/用途			
样品信息			
试验检测日期		试验条件	
检测依据		判定依据	
主要仪器设备名称及编号			
标准试样的密度(g/cm^3)		水泥试样的密度(g/cm^3)	
标准试样比表面积(cm^2/g)		水泥试样空隙率(g/cm^3)	
标准试样空隙率(%)		水银密度(g/cm^3)	

比表面积试验仪试料层体积标定记录

试验次数	试验温度(℃)	未装水泥时水银质量(g)	装填水泥时水银质量(g)	试料层水银质量(g)	试料层体积(cm^3)	
					单个值	平均值

比表面积试验仪K值标定记录

试验次数	试验温度(℃)	试料层体积(cm^3)	装入标准粉质量(g)	经历时间(s)	K值	
					单个值	平均值

比表面积试验记录

试验次数	试验温度(℃)	仪器 *K* 值	测量时间(s)	比表面积(m^2/kg)	
				仪器示值	平均值

附加声明：

检测：　　　　　　记录：　　　　　　复核：　　　　　　日期：　　　年　　月　　日

水泥标准稠度用水量、凝结时间、安定性试验检测记录表

检测单位名称：　　　　　　　　　　　　　　　　　　　　　　　　记录编号：

<table>
<tr><td colspan="2">工程名称</td><td colspan="5"></td></tr>
<tr><td colspan="2">工程部位/用途</td><td colspan="5"></td></tr>
<tr><td colspan="2">样品信息</td><td colspan="5"></td></tr>
<tr><td colspan="2">试验检测日期</td><td colspan="2"></td><td>试验条件</td><td colspan="2"></td></tr>
<tr><td colspan="2">检测依据</td><td colspan="2"></td><td>判定依据</td><td colspan="2"></td></tr>
<tr><td colspan="2">主要仪器设备名称及编号</td><td colspan="5"></td></tr>
<tr><td rowspan="3">标准稠度用水量</td><td>测定方法</td><td colspan="5"></td></tr>
<tr><td>试样质量(g)</td><td>加水量(g)</td><td colspan="2">试杆下沉距底板距离(mm)</td><td colspan="2">标准稠度用水量(%)</td></tr>
<tr><td></td><td></td><td colspan="2"></td><td colspan="2"></td></tr>
<tr><td rowspan="3">凝结时间</td><td>测定方法</td><td colspan="5">标准法</td></tr>
<tr><td>开始加水时间</td><td>试针距底板(4±1)mm时的时间</td><td colspan="2">试针沉入净浆中0.5mm时的时间</td><td>初凝时间(min)</td><td>终凝时间(min)</td></tr>
<tr><td></td><td></td><td colspan="2"></td><td></td><td></td></tr>
<tr><td rowspan="4">安定性</td><td rowspan="4">标准法</td><td rowspan="2">试件编号</td><td rowspan="2">A值(mm)</td><td rowspan="2">C值(mm)</td><td colspan="2">(C−A)值(mm)</td></tr>
<tr><td>单值</td><td>平均值</td></tr>
<tr><td></td><td></td><td></td><td></td><td rowspan="2"></td></tr>
<tr><td></td><td></td><td></td><td></td></tr>
<tr><td colspan="7">附加声明：</td></tr>
</table>

检测：　　　　　记录：　　　　　复核：　　　　　　　　日期：　　　年　　月　　日

水泥胶砂强度试验检测记录表(ISO 法)

检测单位名称： 记录编号：

工程名称			
工程部位/用途			
样品信息			
试验检测日期		试验条件	
检测依据		判定依据	
主要仪器设备名称及编号			
试件成型日期		养护条件	
3d 强度 测试时间		28d 强度 测试时间	

试件编号	试件龄期	抗折强度			抗压强度		
		破坏荷载（N）	抗折强度（MPa）	抗折强度试验结果（MPa）	破坏荷载（kN）	抗压强度（MPa）	抗压强度试验结果（MPa）
附加声明：							

检测： 记录： 复核： 日期： 年 月 日

水泥混凝土拌合物稠度试验检测记录表(坍落度法)

检测单位名称：　　　　　　　　　　　　　　　　　　　　　　　　记录编号：

工程名称			
工程部位/用途			
样品信息			
试验检测日期		试验条件	
检测依据		判定依据	
主要仪器设备名称及编号			
混凝土配合比			

试样编号	坍落度(mm)	坍落度测值(mm)	扩展度(mm)	扩展度测值(mm)	棍度			含砂情况			粘聚性		保水性		
					上	中	下	多	中	少	好	差	多量	少量	无

附加声明：

检测：　　　　　记录：　　　　　复核：　　　　　　　　　日期：　　　年　　　月　　　日

水泥混凝土拌合物表观密度试验检测记录表

检测单位名称：　　　　　　　　　　　　　　　　　　　　　　　记录编号：

工程名称			
工程部位/用途			
样品信息			
试验检测日期		试验条件	
检测依据		判定依据	
主要仪器设备名称及编号			
混凝土配合比（kg/m^3）			
测试序号			
容量筒质量（g）			
容量筒＋拌合物总质量（g）			
拌合物质量（g）			
容量筒容积（L）			
拌合物表观密度（kg/m^3）			
拌合物表观密度平均值（kg/m^3）			
附加声明：			

检测：　　　　　　记录：　　　　　　复核：　　　　　　　　日期：　　年　　月　　日

水泥混凝土拌合物凝结时间试验检测记录表

检测单位名称：　　　　　　　　　　　　　　　　　　　　　　　　　　　记录编号：

工程名称					
工程部位/用途					
样品信息					
试验检测日期			试验条件		
检测依据			判定依据		
主要仪器设备名称及编号					
混凝土配合比					

试验次数	温度（℃）	试验时间（min）	测针面积 A（mm^2）	贯入压力 P（N）	贯入阻力 f_{PR} 测定值（MPa）

初凝时间 t_s（min）		终凝时间 t_e（min）	

贯入阻力与测试时间关系曲线

附加声明：

检测：　　　　　记录：　　　　　复核：　　　　　　　　　　日期：　　　年　　　月　　　日

水泥混凝土拌合物含气量试验检测记录表

检测单位名称：　　　　　　　　　　　　　　　　　　　　　　　　记录编号：

工程名称			
工程部位/用途			
样品信息			
试验检测日期		试验条件	
检测依据		判定依据	
主要仪器设备名称及编号			
混凝土配合比			

含气量测定仪容积标定				
钵＋玻璃板的总质量 (g)	钵＋玻璃板＋水的总质量 (g)	水的质量 (g)	该温度下水的密度 (g/cm^3)	容积 (mL)

测定次数	压力值(MPa) 集料 P_g	压力值(MPa) 拌合物 P_o	集料含气量 C (%)	拌合物测定含气量 A_1(%)	拌合物含气量 A(%)
1					
2					
3					
测定值					

含气量标定		含气量与压力值关系曲线
含气量(%)	压力值(MPa)	
0		
1		
2		
3		
4		
5		
6		
7		
8		

附加声明：

检测：　　　　　记录：　　　　　复核：　　　　　　　　日期：　　年　　月　　日

水泥混凝土立方体抗压强度试验检测记录表

检测单位名称： 记录编号：

工程名称			
工程部位/用途			
样品信息			
试验检测日期		试验条件	
检测依据		判定依据	
主要仪器设备名称及编号			
混凝土配合比			
制件日期		龄期(d)	
养护条件		强度等级	

试件编号	试验速率(kN/s)	试样尺寸(mm)			受力截面面积(mm^2)	极限荷载(kN)	抗压强度(MPa)		换算成标准试件抗压强度值(MPa)
		长	宽	高			单值	测定值	

附加声明：

检测： 记录： 复核： 日期： 年 月 日

水泥混凝土抗弯拉强度试验检测记录表

检测单位名称：　　　　　　　　　　　　　　　　　　　　　　　　记录编号：

工程名称			
工程部位/用途			
样品信息			
试验检测日期		试验条件	
检测依据		判定依据	
主要仪器设备名称及编号			
混凝土配合比			
制件日期		龄期(d)		养护条件	

试件编号	试样尺寸(mm)			试验速率(kN/s)	支座间距离(mm)	极限荷载(kN)	抗弯拉强度(MPa)		修正抗弯拉强度值(MPa)	设计抗弯拉强度(MPa)
	长	宽	高				单值	测定值		

附加声明：

检测：　　　　　　记录：　　　　　　复核：　　　　　　　　　　日期：　　　年　　　月　　　日

第六章　砂浆试验检测技术

在道路和桥隧工程中，砂浆主要用来砌筑圬工桥涵、沿线挡土墙和隧道衬砌等砌体，同时也用来修饰这些构筑物的表面。砌筑砂浆时将砌筑块体材料（砖、石、砌块）黏结为整体的砂浆。砌体的强度不仅取决于砌块，而且取决于砂浆的强度，所以砂浆为砌体的重要组成部分。

砂浆试验常规的参数有稠度、保水率、强度等。

本章中的试验方法是依据《建筑砂浆基本性能试验方法标准》(JGJ/T 70—2009)中的规定进行编写的。

第一节　砂浆试验方法

一、水泥砂浆拌合物稠度试验

1. 目的与适用范围

本试验规定了水泥砂浆拌合物稠度的试验方法。

本试验方法适用于水泥砂浆及指定采用本方法的其他材料，稠度试验适用于稠度小于120mm 的砂浆。

2. 仪器设备

(1)砂浆搅拌机：应符合现行《试验用砂浆搅拌机》(JG/T 3033—1996)的规定。

(2)砂浆稠度仪：由试锥、圆锥筒和支座三部分组成。试锥高度为 145mm、锥底直径为75mm，试锥连同滑杆的质量应为(300±2)g；圆锥筒为钢板制成的密闭圆锥，筒高为180mm，锥筒上口内径为 150mm，体积约为 1060mL；支座分底座、支架及刻度盘三个部分，由铸铁、钢及其他金属制成。

(3)钢制捣棒：直径为 10mm、长为 350mm，端部为半球形。

(4)秒表等辅助工具。

3. 试验准备

(1)试验室内温度应控制在(20±5)℃，相对湿度不小于 50%。砂浆拌和用原材料应放置试验室内至少 24h。

(2)砂应过 9.5mm 的方孔筛，4.75mm 筛上分计筛余不超过 10%，且砂料应翻拌均匀；水泥及掺合料不允许有结块，使用前应用 0.9mm 筛过筛。

(3)砂料应为干燥状态，含水率不超过 0.2%，含水率按现行《公路工程集料试验规程》(JTG E42—2005)的规定进行测定。

(4)材料用量以质量计。称量精度:水泥及掺合料、水和外加剂为±0.5%;砂为±1%。

4. **砂浆拌和**

(1)将砂浆搅拌锅清洗干净,并保持锅内润湿;按照配合比,先拌制不少于30%容量同配比砂浆,使搅拌机内壁挂浆,将剩余料卸出。

(2)将称好的砂料、水、水泥及外掺料等依次倒入机内,立即开动搅拌机,搅拌时间不应少于120s。掺有掺合料和外加剂的砂浆,其搅拌时间不应少于180s。一次拌合物的量不宜少于搅拌机容量的30%,不宜大于搅拌机容量的70%。

5. **试验步骤**

(1)应按上述"4. 砂浆拌和"的步骤制备砂浆。

(2)将圆锥筒和试锥表面用湿布擦干净,并用少量润滑油轻擦滑杆,然后将滑杆上多余的油用吸油纸擦净,使滑杆能自由滑动。

(3)将砂浆拌合物一次性装入圆锥筒,使砂浆表面低于圆锥筒口10mm左右,用捣棒自圆锥筒中心向边缘插捣25次,然后用木槌在圆锥筒周围距离大致相等的四个不同部位轻轻敲击5~6次,使砂浆表面平整,随后将圆锥筒置于砂浆稠度仪的底座上。

(4)调节试锥滑杆的固定螺栓,缓慢向下移动滑杆,当试锥尖端与砂浆表面刚接触时,拧紧固定螺钉,使齿条测杆下端刚接触滑杆上端,读出刻度盘上的读数 $H0$(精确至1mm)。

(5)拧开固定螺栓,同时计时,10s后立即拧紧固定螺钉,将齿条测杆下端接触滑杆上端,从刻度盘上读数 $H1$,$H0$ 与 $H1$ 的差值,即为砂浆的稠度值,精确至1mm。

(6)圆锥筒内的砂浆只允许测定一次稠度,重复测定时,应重新取样。

6. **结果处理**

以两次平行试验测值的算术平均值作为试验结果,精确至1mm;若两次测值之差大于10mm,则重新进行试验。

7. **试验报告**

试验报告应包括下列内容:

(1)要求检测的项目名称。

(2)原材料的品种、规格和产地。

(3)试验日期及时间。

(4)仪器设备的名称、型号及编号。

(5)环境温度和湿度。

(6)执行标准。

(7)砂浆配合比、砂浆稠度。

(8)需要说明的其他内容。

二、水泥砂浆保水性试验

1. **目的与适用范围**

本试验规定了水泥砂浆保水性的试验方法。

本试验方法适用于测定水泥砂浆及指定采用本方法测定的其他材料的保水性。

2. 仪器设备

(1)金属或硬塑料圆环试模:内径 100mm、内部高度 25mm。

(2)可密封的取样容器:应清洁、干燥。

(3)2kg 的重物。

(4)金属滤网:网格尺寸 45μm,圆形,直径为(100±1)mm。

(5)医用棉纱:尺寸为 110mm×110mm,宜选用纱线稀疏、厚度较薄的棉纱。

(6)超白滤纸:应符合现行《化学分析滤纸》(GB/T 1914—2017)中速定性滤纸的要求,直径 110mm,密度 $200g/m^3$。

(7)两片金属或玻璃的方形或圆形不透水片,边长或直径应大于 110mm。

(8)天平:量程为 200g,感量为 0.1g;量程为 2000g,感量为 1g。

(9)烘箱。

3. 试验步骤

(1)砂浆含水率试验步骤:

称取(100±10)g 砂浆拌合物试样,记为 m_1,置于一干燥并已称重的盘中,在(105±5)℃的烘箱中烘干至恒重,称取质量为 m_2。

(2)砂浆保水率试验步骤

① 称量底部不透水片与干燥试模质量 m_3 和 15 片中速定性滤纸质量 m_4。

② 将砂浆拌合物一次性装入试模,并用抹刀插捣数次,当填充砂浆略高于试模边缘时,用抹刀以 45°角一次性将试模表面多余的砂浆刮去,然后用抹刀以较平的角度在试模表面反方向将砂浆刮平。

③ 抹掉试模边的砂浆,称取试模、底部不透水片与砂浆的总质量 m_5。

④ 用两片医用棉纱覆盖在砂浆表面,再在棉纱表面放上 15 片滤纸,用底部不透水片盖在滤纸表面,以 2kg 的重物压着不透水片。

⑤ 静止 2min 后移走重物及不透水片,取出滤纸(不包括棉纱),迅速称取滤纸质量 m_6。

4. 试验结果计算

(1)砂浆含水率,按式(6-1)计算,结果精确至 0.1%:

$$\alpha=\frac{m_1-m_2}{m_1}\times 100\% \tag{6-1}$$

式中:α——砂浆含水率(%);

m_1——砂浆拌合物试样的总质量(g);

m_2——烘干砂浆拌合物试样的总质量(g)。

(2)砂浆保水率,按式(6-2)计算,结果精确至 0.1%:

$$W=\left[1-\frac{m_6-m_4}{\alpha\times(m_5-m_3)}\right]\times 100\% \tag{6-2}$$

式中:W——砂浆保水率(%);

m_3——底部不透水片与干燥试模质量(g)；

m_4——15 片滤纸吸水前的质量(g)；

m_5——试模、底部不透水片与砂浆的总质量(g)；

m_6——15 片滤纸吸水后的质量(g)；

α——砂浆含水率(%)。

以两次平行试验结果的算术平均值作为试验结果，若两次试验结果中有一个超出平均值的 5%，则重新进行试验。

5. 试验报告

试验报告应包括下列内容：

(1)要求检测的项目名称、执行标准。

(2)原材料的品种、规格和产地。

(3)仪器设备的名称、型号及编号。

(4)环境温度和湿度。

(5)保水率。

(6)需要说明的其他内容。

三、水泥砂浆立方体抗压强度试验

1. 目的与适用范围

本方法规定了测定水泥砂浆抗压强度的试验方法。

本方法适用于各类水泥砂浆的 70.7mm×70.7mm×70.7mm 立方体试件。

2. 仪器设备

(1)试模：70.7mm×70.7mm×70.7mm 立方体(有底试模)，具有足够的刚度且拆装方便；试模的内表面应机械加工，其不平度为每 100mm 不超过 0.05mm，组装后各相邻面的不垂直度不超过±0.5°。

(2)钢制捣棒：直径为 10mm、长为 350mm，端部为半球形。

(3)压力试验机：应符合现行《液压式万能试验机》(GB/T 3159—2008)的规定。

(4)垫板：试验机上、下压板及试件之间可垫以钢垫板，垫板的尺寸应大于试件的承压面，其不平度为每 100mm 不超过 0.02mm。

(5)钢尺：量程为 500mm，分度值为 1mm。

3. 试件制备及养护

(1)制作砌筑砂浆试件时，事先在试模内壁涂刷薄层机油或脱模剂。

(2)向试模内一次性注满砂浆，用捣棒均匀由外向里按螺旋方向插捣 25 次，为了防止低稠度砂浆插捣后可能留下孔洞，允许用油灰刀沿模壁插数次，使砂浆高出试模顶面 6～8mm。

(3)当砂浆表面开始出现麻斑状态时(15～30min)，将高出部分的砂浆沿试模顶面削去抹平。

(4)试件制作后应置于温度为(20±5)℃、湿度大于 50%的环境下，停置一昼夜(24h±

2h)；当气温较低时，可适当延长时间，但不应超过两昼夜。应对试件进行编号并拆模。试件拆模后，应在标准养护条件下继续养护至28d，然后进行试压。

(5)标准养护的条件如下：

① 水泥混合砂浆：标准养护的条件为温度(20±2)℃、相对湿度60%～80%。

② 水泥砂浆和微沫砂浆：标准养护的条件为温度(20±2)℃、相对湿度90%以上。

③ 养护期间，试件彼此间隔10mm以上。

4. 试验步骤

(1)试件从养护地点取出后，应尽快进行试验，以免试件内部的温度、湿度发生显著变化。先将试件擦拭干净，检查其外观，并测量尺寸，精确至1mm。如果实测尺寸与公称尺寸之差不超过1mm，按公称尺寸进行计算。

(2)将试件安放在试验机的下压板正中间，试件的承压面应与成型时的顶面垂直，试件中心应与试验机下压板(或下垫板)中心对准。

(3)开动试验机，当上压板与试件(或下垫板)接近时，如有明显偏斜，应调整球座，使接触面均衡受压。

(4)承压试验应连续而均匀加荷，加荷速度为0.3～0.5MPa/s(当砂浆强度不大于5MPa时，取下限为宜)，当试件接近破坏而开始迅速变形时，停止调整试验机油门，直至试件破坏，然后记录破坏荷载。

5. 试验结果计算

(1)砂浆立方体抗压强度，按式(6-3)计算，结果精确至0.1MPa：

$$f_{m,cu}=\frac{F_u}{A} \tag{6-3}$$

式中：$f_{m,cu}$——砂浆立方体抗压强度(MPa)；

F_u——破坏荷载(N)；

A——试件承压面积(mm^2)。

(2)以3个试件的算术平均值作为该组试件的抗压强度，结果精确至0.1MPa。当3个试件的最大值或最小值与中间值的差超过中间值的15%时，以中间值为该组试件的抗压强度。当最大值和最小值与中间值的差值均超过中间值的15%时，该组试验结果无效。

6. 试验报告

试验报告应包括下列内容：

(1)要求检测的项目名称、执行标准。

(2)原材料的品种、规格和产地。

(3)仪器设备的名称、型号及编号。

(4)环境温度和湿度。

(5)立方体抗压强度。

(6)需要说明的其他内容。

第二节　常用参数试验记录表格

砂浆稠度、分层度试验检测记录表

检测单位名称：　　　　　　　　　　　　　　　　　　　　　　　　　　　　记录编号：

工程名称							
工程部位/用途							
样品信息							
试验检测日期				试验条件			
检测依据				判定依据			
主要仪器设备名称及编号							
试件编号	试验次数	拌合物稠度值(mm)	稠度平均值(mm)	30min后稠度值(mm)	分层度值	分层度平均值(mm)	配合比单位用量(kg/cm^3)
试件编号	试验次数	拌合物稠度值(mm)	稠度平均值(mm)	30min后稠度值(mm)	分层度值	分层度平均值(mm)	配合比单位用量(kg/cm^3)
附加声明：							

检测：　　　　　记录：　　　　　复核：　　　　　　　　　　　　日期：　　年　　月　　日

水泥砂浆保水性试验检测记录表

检测单位名称：　　　　　　　　　　　　　　　　　　　　　　记录编号：

<table>
<tr><td colspan="3">工程名称</td><td colspan="3"></td></tr>
<tr><td colspan="3">工程部位/用途</td><td colspan="3"></td></tr>
<tr><td colspan="3">样品信息</td><td colspan="3"></td></tr>
<tr><td colspan="3">试验检测日期</td><td></td><td>试验条件</td><td></td></tr>
<tr><td colspan="3">检测依据</td><td></td><td>判定依据</td><td></td></tr>
<tr><td colspan="3">主要仪器设备名称及编号</td><td colspan="3"></td></tr>
<tr><td colspan="3">砂浆配合比</td><td colspan="3"></td></tr>
<tr><td rowspan="6">砂浆含水率</td><td colspan="2">测试序号</td><td colspan="2"></td><td></td></tr>
<tr><td colspan="2">盘质量(g)</td><td colspan="2"></td><td></td></tr>
<tr><td colspan="2">烘干前盘＋砂浆样本质量(g)</td><td colspan="2"></td><td></td></tr>
<tr><td colspan="2">烘干后盘＋砂浆样本质量(g)</td><td colspan="2"></td><td></td></tr>
<tr><td rowspan="2">砂浆含水率（%）</td><td>单值</td><td colspan="2"></td><td></td></tr>
<tr><td>平均值</td><td colspan="3"></td></tr>
<tr><td rowspan="6">砂浆保水率</td><td colspan="2">底部不透水片＋干燥试模质量(g)</td><td colspan="2"></td><td></td></tr>
<tr><td colspan="2">15片中速定性滤纸质量(g)</td><td colspan="2"></td><td></td></tr>
<tr><td colspan="2">抹面后试模＋底部不透水片＋砂浆总质量(g)</td><td colspan="2"></td><td></td></tr>
<tr><td colspan="2">静置后，15片滤纸吸水后的质量(g)</td><td colspan="2"></td><td></td></tr>
<tr><td rowspan="2">砂浆保水率（%）</td><td>单值</td><td colspan="2"></td><td></td></tr>
<tr><td>平均值</td><td colspan="3"></td></tr>
<tr><td colspan="6">附加声明：</td></tr>
</table>

检测：　　　　　　记录：　　　　　　复核：　　　　　　　　　　日期：　　　年　　月　　日

水泥砂浆立方体抗压强度试验检测记录表(立方体)

检测单位名称：　　　　　　　　　　　　　　　　　　　　　　　　　　记录编号：

工程名称							
工程部位/用途							
样品信息							
试验检测日期				试验条件			
检测依据				判定依据			
主要仪器设备名称及编号							
强度等级				养护条件			
试件编号	成型日期	试验日期	龄期(d)	试件尺寸(mm)	极限荷载(kN)	抗压强度(MPa)	平均抗压强度(MPa)
附加声明：							

检测：　　　　　记录：　　　　　复核：　　　　　　　　　　日期：　　年　　月　　日

第七章 无机结合料稳定材料试验检测技术

采用水泥、石灰、粉煤灰及其他工业废渣等无机结合料稳定的各种土，当其强度符合有关技术规范的基本要求时，统称为无机结合料稳定材料。无机结合料稳定材料具有稳定性好、抗冻性能强、结构本身自成板体等特点，但其耐磨性差，所以广泛用于修筑路面结构的基层和底基层。无机结合料稳定材料配比设计指标采用7d无侧限抗压强度。

无机结合料稳定材料的常规试验参数有含水量、击实、剂量、强度等。

本章中的试验方法是依据《公路工程无机结合料稳定材料试验规程》(JTG E51—2009)中的规定进行编写的。

第一节 无机结合料稳定材料试验方法

一、含水量试验(烘干法)

1. 适用范围

本试验方法适用于测定水泥、石灰、粉煤灰及无机结合料稳定材料的含水量。

2. 仪器设备

(1)水泥、粉煤灰、生石灰粉、消石灰和消石灰粉、稳定细粒土

① 烘箱：量程不小于110℃，控温精度为±2℃。

② 铝盒：直径约50mm，高25～30mm。

③ 电子天平：量程不小于150g，感量0.01g。

④ 干燥器：直径200～250mm，并用硅胶作干燥剂。

注：用指示硅胶做干燥剂，而不用氯化钙，是因为许多黏土烘干后能从氯化钙中吸收水分。

(2)稳定中粒土

① 烘箱：同上。

② 铝盒：能放样品500g以上。

③ 电子天平：量程不小于1000g，感量0.1g。

④ 干燥器：同上。

(3)稳定粗粒土

① 烘箱：同上。

② 大铝盒：能放样品2000g以上。

③ 电子天平:量程不小于 3000g,感量 0.1g。

④ 干燥器:同上。

3. 试验步骤

(1)水泥、粉煤灰、生石灰粉、消石灰和消石灰粉、稳定细粒土

① 取清洁干燥的铝盒,称其质量 m_1,并精确至 0.01g;取约 50g 试样(对生石灰粉、消石灰和消石灰粉取 100g),经手工木槌粉碎后松放在铝盒中,应尽快盖上盒盖,尽量避免水分散失,称其质量 m_2,并精确至 0.01g。

② 对于水泥稳定材料,将烘箱温度调到 110℃;对于其他材料①,将烘箱调到 105℃。待烘箱达到设定的温度后,取下盒盖,并将盛有试样的铝盒放在盒盖上,然后一起放入烘箱中进行烘干,需要的烘干时间随试样种类和试样数量而改变。当冷却试样连续两次称量的差(每次间隔 4h)不超过原试样质量的 0.1%②时,即认为样品已被烘干。

③ 烘干后,从烘箱中取出盛有试样的铝盒,并将盒盖盖紧。

④ 将盛有烘干试样的铝盒放入干燥器内冷却③。然后称铝盒和烘干试样的质量 m_3,并精确至 0.01g。

(2)稳定中粒土

① 取清洁干燥的铝盒,称其质量 m_1,并精确至 0.1g。取 500g 试样(至少 300g)经粉碎后松放在铝盒中,盖上盒盖,称其质量 m_2,并精确至 0.1g。

② 对于水泥稳定材料,将烘箱温度调到 110℃;对于其他材料,将烘箱调到 105℃。待烘箱达到设定的温度后,取下盒盖,并将盛有试样的铝盒放在盒盖上,然后一起放入烘箱中进行烘干,需要烘干的时间随土的类型和试样数量而改变。当冷却试样连续两次称量的差(每次间隔 4h)不超过原试样质量的 0.1%时,即认为样品已被烘干。

③ 烘干后,从烘箱中取出盛有试样的铝盒,并将盒盖盖紧,放置冷却。

④ 称铝盒和烘干试样的质量 m_3,并精确至 0.1g。

(3)稳定粗粒土

① 取清洁干燥的铝盒,称其质量 m_1,并精确至 0.1g。取 2000g 试样经粉碎后松放在铝盒中,盖上盒盖,称其质量 m_2,并精确至 0.1g。

② 对于水泥稳定材料,将烘箱温度调到 110℃;对于其他材料,将烘箱调到 105℃。待烘箱达到设定的温度后,取下盒盖,并将盛有试样的铝盒放在盒盖上,然后一起放入烘箱中进行烘干,需要烘干的时间随土的类型和试样数量而改变。当冷却试样连续两次称量的差(每次间隔 4h)不超过原试样质量的 0.1%时,即认为样品已被烘干。

③ 烘干后,从烘箱中取出盛有试样的铝盒,并将盒盖盖紧,放置冷却。

④ 称铝盒和烘干试样的质量 m_3,并精确至 0.1g。

---

① 某些含有石膏的土在烘干时会损失其结晶水,若烘箱温度过高,则对其含水量有影响。每 1%石膏对含水量的影响约为 0.2%。如果土中有石膏,则试样应该在不超过 80℃的温度下烘干,并可能要烘更长的时间。

② 对于大多数土,通常烘干 16~24h 就足够了。但是,若某些土或试样的数量过多或试样很潮湿,可能需要烘更长的时间。烘干的时间也与烘箱内试样的总质量、烘箱的尺寸及其通风系统的效率有关。

③ 若铝盒的盖密闭,而且试样在称量前放置时间较短,则可以不放在干燥器中冷却。

4. **试验结果计算**

用式(7－1)计算无机结合料稳定材料的含水量。

$$w=\frac{m_2-m_3}{m_3-m_1}\times100\% \tag{7-1}$$

式中：w——无机结合料稳定材料的含水量(%)；

m_1——铝盒的质量(g)；

m_2——铝盒和湿稳定材料的合计质量(g)；

m_3——铝盒和干稳定材料的合计质量(g)。

5. **结果整理**

本试验应进行两次平行测定，取两次计算结果的算术平均值，保留至小数点后两位。

二、水泥或石灰稳定材料中水泥或石灰剂量的测定(EDTA滴定法)

1. **适用范围**

(1)本试验适用于在工地快速测定水泥和石灰稳定材料中水泥和石灰的剂量，并可用于检查现场拌和和摊铺的均匀性。

(2)本试验方法适用于在水泥终凝之前的水泥含量测定，现场土样的石灰剂量应在路拌后尽快测试，否则需要用相应龄期的EDTA二钠标准溶液消耗量的标准曲线确定。

(3)本方法也可以用来测定水泥和石灰综合稳定材料中结合料的剂量。

2. **仪器设备**

(1)滴定管(酸式)：50mL，1支。

(2)滴定台：1个。

(3)滴定管夹：1个。

(4)大肚移液管：10mL、50mL，各10支。

(5)锥形瓶(即三角瓶)：200mL，20个。

(6)烧杯：2000mL(或1000mL)，1只；300mL，10只。

(7)容量瓶：1000mL，1个。

(8)搪瓷杯：容量大于1200mL，10只。

(9)不锈钢棒(或粗玻璃棒)：10根。

(10)量筒：100mL和5mL，各1只；50mL，2只。

(11)棕色广口瓶：60mL(装钙红指示剂)，1个。

(12)电子天平：量程不小于1500g，感量0.01g。

(13)秒表：1只。

(14)表面皿：ϕ9cm，10个。

(15)研钵：ϕ12～13cm，1个。

(16)洗耳球：1个。

(17)精密试纸:PH12～14。

(18)聚乙烯桶:20L(装蒸馏水和氯化铵及 EDTA 二钠标准溶液),3 个;5L(装氢氧化钠),1 个;5L(大口桶),10 个。

(19)毛刷、去污粉、吸水管、塑料勺、特种铅笔、厘米纸。

(20)洗瓶(塑料):500mL,1 个。

3. 试剂制备

(1)0.1mol/m^3 乙二胺四乙酸二钠(EDTA 二钠)标准溶液(简称 EDTA 二钠标准溶液):准确称取 EDTA 二钠(分析纯)37.23%,用 40～50℃的无二氧化碳蒸偏水溶解,待全部溶解并冷却至室温后,定容至 1000mL。

(2)10%氯化铵(NH_4CI)溶液:将 500g 氯化铵(分析纯或化学纯)放在 10L 的聚乙烯桶内,加蒸馏水 4500mL,充分振荡,使氯化铵完全溶解。也可以分批在 1000mL 的烧杯内配制,然后倒入塑料桶内摇匀。

(3)1.8%氢氧化钠(内含三乙醇胺)溶液:用电子天平称 18g 氢氧化钠(NaOH)(分析纯),放入洁净干燥的 1000mL 烧杯中,加 1000mL 蒸偏水使其全部溶解,待溶液冷却至室温后,加入 2mL 三乙醇胺(分析纯),搅拌均匀后储于塑料桶中。

(4)钙红指示剂:将 0.2g 钙试剂羧酸钠(分子式为 $C_{21}H_{13}N_2NaO_7S$,分子量为 460.39)与 20g 预先在 105℃烘箱中烘 1h 的硫酸钾混合。一起放入研钵中,研成极细粉末,储于棕色广口瓶中,以防吸潮。

4. 绘制标准曲线

(1)取样:取工地用石灰和土,风干后用烘干法测其含水量(如为水泥,可假定含水量为 0)。

(2)混合料组成的计算:

公式:干料质量=湿料质量/(1+含水量)。

计算步骤及公式如下:

① 干混合料质量=湿混合料质量/(1+最佳含水量)。

② 干土质量=干混合料质量/(1+石灰或水泥剂量)。

③ 干石灰或水泥质量=干混合料质量-干土质量。

④ 湿土质量=干土质量×(1+土的风干含水量)。

⑤ 湿石灰质量=干石灰质量×(1+石灰的风干含水量)。

⑥ 石灰土中应加入的水=湿混合料质量-湿土质量-湿石灰质量。

(3)准备 5 种试样,每种两个样品(以水泥稳定材料为例),如为水泥稳定中、粗粒土,每个样品取 1000g 左右(如为细粒土,则可称取 300g 左右)准备试验。为了减少中、粗粒土的离散,宜按设计级配单份掺配的方式备料。

5 种混合料的水泥剂量应为:水泥剂量为 0,最佳水泥剂量左右、最佳水泥剂量±2%和+4%①,每种剂量取两个(为湿质量)试样,共 10 个试样,并分别放在 10 个大口聚乙烯桶

① 在此,准备标准曲线的水泥剂量可为 0、2%、4%、6%、8%。若水泥剂量较高或较低,则应保证工地实际所用水泥或石灰的剂量位于标准曲线所用剂量的中间。

(如为稳定细粒土,可用搪瓷杯或1000mL具塞三角瓶;如为粗粒土,可用5L的大口聚乙烯桶)内。土的含水量应等于工地预期达到的最佳含水量,土中所加的水应与工地所用的水相同。

(4)取一个盛有试样的盛样器,在盛样器内加入两倍试样质量(湿料质量)体积的10%氯化铵溶液(若湿料质量为300g,则氯化铵溶液为600mL;若湿料质量为1000g,则氯化铵溶液为2000mL)。若料为300g,则搅拌3min(每分钟搅110~120次);若料为1000g,则搅拌5min。若用1000mL具塞三角瓶,则手握三角瓶(瓶口向上)用力振荡3min(每分钟120次±5次),以代替搅拌棒搅拌。放置沉淀10min,然后将上部清液转移到300mL烧杯内,搅匀,加盖表面皿待测。

注:若10min后得到的是混浊悬浮液,则应增加放置沉淀时间,直到出现无明显悬浮颗粒的悬浮液为止,并记录所需的时间。以后所有该种水泥(或石灰)稳定材料的试验,均应以同一时间为准。

(5)用移液管吸取上层(液面上1~2cm)悬浮液10.0mL放入200mL的三角瓶内,用量管量取1.8%氢氧化钠(内含三乙醇胺)溶液50mL倒入三角瓶中,此时溶液pH为12.5~13.0(可用pH为12~14的精密试纸检验),然后加入钙红指示剂(质量约为0.2g),摇匀,溶液呈玫瑰红色。记录滴定管中EDTA二钠标准溶液的体积V_1,然后用EDTA二钠标准溶液滴定,边滴定边摇匀,并仔细观察溶液的颜色;在溶液颜色变为紫色时,放慢滴定速度,并摇匀;直到变为纯蓝色,记录滴定管中EDTA二钠标准溶液体积V_2(以mL计,读至0.1mL)。计算V_1-V_2,即为EDTA二钠标准溶液的消耗量。

(6)对其他几个盛样器中的试样,用同样的方法进行试验,并记录各自的EDTA二钠标准溶液的消耗量。

(7)以同一水泥或石灰剂量稳定材料EDTA二钠标准溶液消耗量(mL)的平均值为纵坐标,以水泥或石灰剂量(%)为横坐标制图。两者的关系应是一根顺滑的曲线,如图7-1所示。如素土、水泥或石灰改变,必须重新绘制标准曲线。

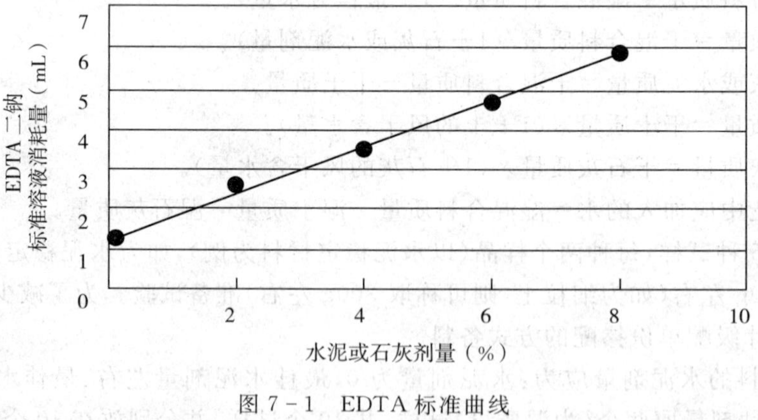

图7-1 EDTA标准曲线

5. 试验步骤

(1)选取有代表性的无机结合料稳定材料,对稳定中、粗粒土取试样约3000g,对稳定细粒土取试样约1000g。

(2)对水泥或石灰稳定细粒土，称300g放在搪瓷杯中，用搅拌棒将结块搅散，加10%氯化铵溶液600mL；对水泥或石灰稳定中、粗粒土，可直接称取1000g左右，放入10%氯化铵溶液2000mL，然后如前述步骤进行试验。

(3)利用所绘制的标准曲线，根据EDTA二钠标准溶液消耗量，确定混合料中的水泥或石灰剂量。

6. **结果整理**

本试验应进行两次平行测定，取两个结果的算术平均值，精确至0.1mL。允许重复性误差不得大于均值的5%，否则，应重新进行试验。

三、无机结合料稳定材料击实试验

1. **适用范围**

本试验适用于在规定的试筒内，对水泥稳定材料(在水泥水化前)、石灰稳定材料及石灰(或水泥)粉煤灰稳定材料进行击实试验，以绘制稳定材料的含水量-干密度关系曲线，从而确定其最佳含水量和最大干密度。试验集料的公称最大粒径宜控制在37.5mm以内(方孔筛)。

本试验方法分为三类，各类击实方法的主要参数列于表7-1。

表7-1 试验方法类别表

类别	锤的质量(kg)	锤击面直径(cm)	落高(cm)	试筒尺寸			锤击层数	每层锤击次数	平均单位击实功(J)	容许最大公称粒径(mm)
				内径(cm)	高(cm)	容积(mL)				
甲	4.5	5.0	45	10.0	12.7	997	5	27	2.687	19.0
乙	4.5	5.0	45	15.2	12.0	2177	5	59	2.687	19.0
丙	4.5	5.0	45	15.2	12.0	2177	3	98	2.677	37.5

2. **仪器设备**

(1)击实筒：小型，内径100mm、高127mm的金属圆筒，套环高50mm，有底座；大型，内径152mm、高170mm的金属圆筒，套环高50mm，直径151mm和高50mm的筒内垫块，底座。

(2)多功能自控电动击实仪：击锤的底面直径50mm，总质量4.5kg。击锤在导管内的总行程为450mm。可设置击实次数，并保证击锤自由垂直落下，落高应为450mm，锤迹均匀分布于试样面。

(3)电子天平：量程4000g，感量0.01g。

(4)电子天平：量程15kg，感量0.1g。

(5)方孔筛：孔径53mm、37.5mm、26.5mm、19mm、4.75mm、2.36mm的筛各1个。

(6)量筒：50mL、100mL和500mL的量筒各1个。

(7)直刮刀：长200～250mm、宽30mm和厚3mm，一侧开口的直刮刀，用以刮平和修饰粒料大试件的表面。

(8)刮土刀：长150～200mm、宽约20mm的刮刀，用以刮平和修饰小试件的表面。

(9)工字形刮平尺：30mm×50mm×310mm，上下两面和侧面均刨平。

(10)拌和工具：约400mm×600mm×70mm的长方形金属盘、拌和用平头小铲等。

(11)脱模器。

(12)测定含水量用的铝盒、烘箱等其他用具。

(13)游标卡尺。

3. 试验准备

(1)将具有代表性的风干试料(必要时，也可以在50℃烘箱内烘干)用木槌捣碎或用木碾碾碎。土团均应破碎到能通过4.75mm的筛孔。但应注意不使粒料的单个颗粒破碎或不使其破碎程度超过施工中拌和机械的破碎率。

(2)若试料是细粒土，将已破碎的具有代表性的土过4.75mm筛备用(用甲法或乙法做试验)。

(3)若试料中含有粒径大于4.75mm的颗粒，则先将试料过19mm筛；若存留在19mm筛上的颗粒的含量不超过10%，则过26.5mm筛，留作备用(用甲法或乙法做试验)。

(4)若试料中粒径大于19mm的颗粒含量超过10%，则将试料过37.5mm筛；如果存留在37.5mm筛上的颗粒的含量不超过10%，则过53mm的筛备用(用丙法试验)。

(5)每次筛分后，均应记录超尺寸颗粒的百分率%。

(6)在预定做击实试验的前一天，取有代表性的试料测定其风干含水量。对于细粒土，试样应不少于100g；对于中粒土，试样应不少于1000g；对于粗粒土的各种集料，试样应不少于2000g。

(7)在试验前用游标卡尺准确测量试模的内径、高和垫块的厚度，以计算试筒的容积。

4. 试验步骤

(1)准备工作

在试验前应将试验所需要的各种仪器设备准备齐全，测量设备应满足精度要求；调试击实仪器，检查其运转是否正常。

(2)甲法

① 将已筛分的试样用四分法逐次分小，至最后取出10～15kg试料。再用四分法将已取出的试料分成5～6份，每份试料的干质量为2.0g(对于细粒土)或2.5kg(对于各种中粒土)。

② 预定5～6个不同含水量，依次相差0.5%～1.5%，且其中至少有两个

大于和两个小于最佳含水量。

注：对于中、粗粒土，在最佳含水量附近取0.5%，其余取1%。对于细粒土，取1%，但对于黏土，特别是重黏土，可能需要取2%。

③ 按预定含水量制备试样。将1份试料平铺于金属盘内，将事先计算得出的该份试料中应加的水量均匀地喷洒在试料上，用小铲将试料充分拌和到均匀状态(若为石灰稳定材料、石灰粉煤灰综合稳定材料、水泥粉煤灰综合稳定材料和水泥、石灰综合稳定材料，可将石灰、粉煤灰和试料一起拌匀)，然后装入密闭容器或塑料口袋内浸润备用。

浸润时间要求：黏质土 12～24h，粉质土 6～8h，砂类土、砂砾土、红土砂砾、级配砂砾等可以缩短到 4h 左右，含土很少的未筛分碎石、砂砾和砂可缩短到 2h。浸润时间一般不超过 24h。

混合料中应加水量可按式(7－2)计算：

$$m_w = \left(\frac{m_n}{1+0.01w_n}+\frac{m_c}{1+0.01w_c}\right)\times 0.01w-\frac{m_n}{1+0.01w_n}\times 0.01w_n-\frac{m_c}{1+0.01w_c}\times 0.01w_c \tag{7-2}$$

式中：m_w——混合料中应加的水量(g)；

m_n——混合料中素土(或集料)的质量(g)，其原始含水量为 w_n，即风干含水量(%)；

m_c——混合料中水泥或石灰的质量(g)，其原始含水量为 w_c(%)；

w——要求达到的混合料的含水量(%)。

④ 将所需要的稳定剂水泥加到浸润后的试样中，并用小铲、泥刀或其他工具充分拌和到均匀状态。水泥应在土样击实前逐个加入。加有水泥的试样拌和后，应在 1h 内完成下述击实试验。拌和后超过 1h 的试样，应予以作废(石灰稳定材料和石灰粉煤灰稳定材料除外)。

⑤ 试筒套环与击实底板应紧密联接。将击实筒放在坚实地面上，用四分法取制备好的试样 400～500g(其量应使击实后的试样等于或略高于筒高的 1/5)倒入筒内，整平其表面并稍加压紧，然后将其安装到多功能自控电动击实仪上，设定所需锤击次数，进行第 1 层试样的击实。第 1 层击实完成后，检查该层高度是否合适，以便调整以后几层的试样用量。用刮土刀或螺丝刀将已击实层的表面"拉毛"，然后重复上述做法，进行其余 4 层试样的击实。最后一层试样击实后，试样超出筒顶的高度不得大于 6mm，超出高度过大的试件应该作废。

⑥ 用刮土刀沿套环内壁削挖(使试样与套环脱离)后，扭动并取下套环。齐筒顶细心刮平试样，并拆除底板。若试样底面略突出筒外或有孔洞，则应细心刮平或修补。

最后用工字形刮平尺齐筒顶和筒底将试样刮平。擦净试筒的外壁，称其质量 m_1。

⑦ 用脱模器推出筒内试样。从试样内部自上至下取两个有代表性的样品(可将脱出试件用锤打碎后，用四分法采取)，测定其含水量，结果精确至 0.1%。两个试样的含水量的差值不得大于 1%。所取样品的数量见表 7－2(若只取一个样品测定其含水量，则样品的质量应为表 7－2 中所列数值的两倍)。擦净试筒，称其质量 m_2。

表 7－2　测稳定材料含水量的样品质量

公称最大粒径(mm)	样品质量(g)
2.36	约 50
19	约 300
37.5	约 1000

烘箱的温度应事先调整到 110℃左右，以使放入的试样能立即在 105～110℃的温度下烘干。

⑧ 按本方法③～⑦的步骤进行其余试样在含水量下稳定材料的击实和测定工作。凡已用过的试样，一律不再重复使用。

(3)乙法

当缺乏内径 10cm 的试筒时，以及在需要与承载比等试验结合起来进行时，采用乙法进行击实试验。本法更适宜于公称最大粒径达 19mm 的集料。

① 将已过筛的试料用四分法逐次分小，至最后取出约 30kg 试料。再用四分法将所取的试料分成 5～6 份，每份试料的干质量约为 4.4kg(细粒土)或 5.5kg(中粒土)。

② 以下各步的做法与甲法②～⑧相同，但应该先将垫块放入筒内底板上，然后加料并击实。所不同的是，每层需取制备好的试样约 900g(水泥或石灰稳定细粒土)或 1100g(稳定中粒土)，每层的锤击次数为 59 次。

(4)丙法

① 将已过筛的试料用四分法逐次分小，至最后取约 33kg 试料。再用四分法将所取的试料分成 6 份(至少要 5 份)，每份质量约 5.5kg(风干质量)。

② 预定 5～6 个不同含水量，依次相差 0.5%～1.5%。在估计最佳含水量左右可只差 0.5%～1%。

注：对于水泥稳定类材料，在最佳含水量附近取 0.5%；对于石灰、二灰稳定类材料，根据具体情况在最佳含水量附近取 1%。

③ 同甲法的③。

④ 同甲法的④。

⑤ 将试筒、套环与夯击底板紧密地联接在一起，并将垫块放在筒内底板上。击实筒应放在坚实地面上，取制备好的试样 1.8kg 左右[其量应使击实后的试样略高于(高出 1～2mm)筒高的 1/3]倒入筒内，整平其表面，并稍加压紧。然后将其安装到多功能自控电动击实仪上，设定所需锤击的次数，进行第 1 层试样的击实。第 1 层击实完成后检查该层的高度是否合适，以便调整以后两层的试样用量。用刮土刀或螺丝刀将已击实的表面"拉毛"，然后重复上述做法，进行其余两试样的击实。最后一层试样击实后，试样超出试筒顶的高度不得大于 6mm。超出高度过大的试件应该作废。

⑥ 用刮土刀沿套环内壁削挖(使试样与套环脱离)，扭动并取下套环。齐筒顶仔细心刮平试样，并拆除底板，取走垫块。擦净试筒的外壁，称其质量 m_1。

⑦ 用脱模器推出筒内试样。从试样内部由上至下取两个有代表性的样品(可将脱出试件用锤打碎后，用四分法采取)，测定其含水量，计算至 0.1%。两个试样的含水量的差值不得大于 1%。所取样品的数量应不少于 700g，若只取一个样品测定含水量，则样品的数量应不少于 1400g。烘箱的温度应事先调整到 110℃左右，以使放入的试样能立即在 105℃的温度下烘干。擦净试筒，称其质量 m_2。

⑧ 按本方法③～⑦的步骤进行其余试样在含水量下稳定材料的击实和测定工作。凡已用过的试料，一律不再重复使用。

5. 试验结果计算

(1)每次击实后稳定材料的湿密度按式(7-3)计算：

$$\rho_w = \frac{m_1 - m_2}{V} \tag{7-3}$$

式中：ρ_w——稳定材料的湿密度（g/cm^3）；

m_1——试筒与湿试样的总质量（g）；

m_2——试筒的质量（g）；

V—试筒的容积（cm^3）。

（2）每次击实后稳定材料的干密度按式（7-4）计算：

$$\rho_d = \frac{\rho_w}{1+0.01w} \tag{7-4}$$

式中：ρ_d——试样的干密度（g/cm^3）；

w——试样的含水量（%）。

（3）制图过程：

① 以干密度为纵坐标、含水量为横坐标，绘制含水量-干密度曲线。曲线必须为凸形的，如试验点不足以连成完整的凸形曲线，则应该进行补充试验。

② 将试验各点采用二次曲线方法拟合曲线，曲线的峰值点对应的含水量及干密度即为最佳含水量和最大干密度。

6. **结果整理**

（1）应做两次平行试验，取两次试验的平均值作为最大干密度和最佳含水量。两次重复性试验最大干密度的差不应超过 $0.05g/cm^3$（稳定细粒土）和 $0.08g/cm^3$（稳定中粒土和粗粒土），最佳含水量的差不应超过 0.5%（最佳含水量小于 10%）和 1.0%（最佳含水量大于 10%）。超过上述规定值时，应重做试验，直到满足精度要求。

（2）混合料密度计算结果应保留小数点后 3 位有效数字，含水量应保留小数点后 1 位有效数字。

四、无机结合料稳定材料无侧限抗压强度试验

1. **适用范围**

本试验适用于测定无机结合料稳定材料（包括稳定细粒土、中粒土和粗粒土）试件的无侧限抗压强度。

2. **仪器设备**

（1）标准养护室。

（2）水槽：深度应大于试件高度 50mm。

（3）压力机或万能试验机（也可用路面强度试验仪和测力计）：压力机应符合现行《液压式万能试验机》（GB/T 3159—2008）及《试验机通用技术要求》（GB/T 2611—2007）中的要求，其测量精度为±1%，同时应具有加载速率指示装置或加载速率控制装置。上、下压板平整并有足够刚度，可以均匀地连续加载、卸载，可以保持固定荷载。开机停机均灵活自如，能够满足试件吨位要求，且压力机加载速率可以有效控制在 1mm/min。

(4)电子天平:量程 15kg,感量 0.1g;量程 4000g,感量 0.01g。

(5)量筒、拌和工具、大小铝盒、烘箱等。

(6)球形支座。

(7)机油:若干。

3. 试件制备及养护

(1)细粒土,试模的直径×高=50mm×50mm;中粒土,试模的直径×高=100mm×100mm;粗粒土,试模的直径×高=150mm×150mm。

(2)将具有代表性的风干试料用木槌捣碎或用木碾碾碎,但应避免破坏粒料的原粒径。按照公称最大粒径的大一级筛,将土过筛并进行分类。在预定做试验的前一天,取有代表性的试料测定其风干含水量。对于细粒土,试样应不少于 100g;对于中粒土,试样应不少于 1000g;对于粗粒土,试样应不少于 2000g。

确定试件的最大干密度与最佳含水量,根据击实结果,称取一定质量的风干土,其质量随试件大小而变。对 50mm×50mm 的试件,1 个试件需干土 180~210g;对于 100mm×100mm 的试件,1 个试件需干土 1700~1900g;对于 150mm×150mm 的试件,1 个试件需干土 5700~6000g。根据击实结果和无机结合料的配合比计算每份料的加水量、无机结合料的质量。将称好的土放在长方盘(约 400mm×600mm×70mm)内。向土中加水拌料、闷料。石灰稳定材料、水泥和石灰综合稳定材料、石灰粉煤灰综合稳定材料、水泥粉煤灰综合稳定材料,可将石灰或粉煤灰和土一起拌和,将拌和均匀后的试料放在密闭容器或塑料袋(封口)内浸润备用。在试件成型前 1h 内,加入预定数量的水泥并拌和均匀。在拌和过程中,应将预留的水(对于细粒土为 3%,对于水泥稳定类为 1%~2%)加入土中,使混合料达到最佳含水量。拌和均匀的加有水泥的混合料应在 1h 内按下述方法制成试件,超过 1h 的混合料应该作废。其他结合料稳定材料,混合料虽不受此限,但也应尽快制成试件。用反力架和液压千斤顶,或采用压力试验机制件。将试模配套的下垫块放入试模的下部,但外露 2cm 左右。将称量的规定数量的稳定材料混合料分 2~3 次灌入试模中,每次灌入后用夯棒轻轻均匀插实。若制取 50mm×50mm 的小试件,则可以将混合料一次性倒入试模中,然后将与试模配套的上垫块放入试模内,也应使其外露 2cm 左右(即上、下垫块露出试模外的部分应该相等)。将整个试模(连同上、下垫块)放到反力架内的千斤顶上(千斤顶下应放一扁球座)或压力机上,以 1mm/min 的加载速率加压,直到上、下压柱都压入试模为止。维持压力 2min。解除压力后,取下试模,并放到脱模器上将试件顶出。用水泥稳定有黏结性的材料(如黏质土)时,制件后可以立即脱模;用水泥稳定无黏结性细粒土时,最好过 2~4h 再脱模;对于中、粗粒土的无机结合料稳定材料,也最好过 2~6h 脱模,试件称量后应立即放在塑料袋中封闭,并用潮湿的毛巾覆盖,移放至养护室。

(3)试件从试模内脱出并量高度、称质量后,中试件和大试件应装入塑料袋内。试件装入塑料袋后,将袋内的空气排除净,扎紧袋口,将包好的试件放入养护室。对无侧限抗压强度试验,标准养生龄期是 7d,最后一天浸水。对弯拉强度、间接抗拉强度试验,水泥稳定材料类的标准养生龄期是 90d,石灰稳定材料类的标准养生龄期是 180d,在养生期的最后一天,将试件取出,观察试件的边角有无磨损或缺块,并量高度、称质量,然后将试件浸泡于(20±2)℃水中,应使水面在试件顶上约 2.5cm 处。

(4)将试件两顶面用刮刀刮平，必要时可用快凝水泥砂浆抹平试件顶面。

(5)为保证试验结果的可靠性和准确性，每组试件的数目要求：小试件不少于6个；中试件不少于9个；大试件不少于13个。

4. 试验步骤

(1)根据试验材料的类型和一般的工程经验，选择合适量程的测力计和压力机，试件破坏荷载应大于测力量程的20%且小于测力量程的80%。对球形支座和上下顶板涂上机油，使球形支座能够灵活转动。

(2)将已浸水一昼夜的试件从水中取出，用软布吸去试件表面的水分，并称取试件的质量。

(3)用游标卡尺测量试件的高度，精确至0.1mm。

(4)将试件放在路面材料强度试验仪或压力机上，并在升降台上先放一扁球座，进行抗压试验。试验过程中，应保持加载速率为1mm/min。记录试件破坏时的最大压力P(N)。

(5)从试件内部取有代表性的样品(经过打破)，按照无机结合料稳定材料含水量测定方法，测定其含水量w。

5. 试验结果计算

试件的无侧限抗压强度按式(7-5)计算。

$$R_c = \frac{P}{A} \tag{7-5}$$

式中：R_c——试件的无侧限抗压强度(MPa)；

P——试件破坏时的最大压力(N)；

A——试件的截面面积(mm^2)；

$$A = \frac{1}{4}\pi D^2$$

D——试件的直径(mm)。

6. 试验结果整理

(1)抗压强度计算结果保留1位小数。

(2)同一组试件试验中，采用3倍均方差方法剔除异常值，小试件可以允许有1个异常值，中试件允许值1～2个异常值，大试件允许值2～3个异常值。异常值数量超过上述规定的，需重新进行试验。

(3)同一组试验的变异系数C_v(%)符合下列规定，方为有效试验：小试件$C_v \leqslant 6\%$；中试件$C_v \leqslant 10\%$；大试件$C_v \leqslant 15\%$。如不能保证试验结果的变异系数小于规定的值，则应按允许误差10%和90%的概率重新计算所需试件的数量，增加试件数量并另做新试验。新试验结果与老试验结果一并重新进行统计评定，直到变异系数满足上述规定。

第二节　常用参数试验记录表格

无机结合料含水量试验检测记录表

检测单位名称：　　　　　　　　　　　　　　　　　　　　　　　　　记录编号：

<table>
<tr><td colspan="2">工程名称</td><td colspan="7"></td></tr>
<tr><td colspan="2">工程部位/用途</td><td colspan="7"></td></tr>
<tr><td colspan="2">样品信息</td><td colspan="7"></td></tr>
<tr><td colspan="2">试验检测日期</td><td colspan="3"></td><td>试验条件</td><td colspan="3"></td></tr>
<tr><td colspan="2">检测依据</td><td colspan="3"></td><td>判定依据</td><td colspan="3"></td></tr>
<tr><td colspan="2">主要仪器设备
名称及编号</td><td colspan="7"></td></tr>
<tr><td rowspan="2">试样编号</td><td rowspan="2">试验
次数</td><td rowspan="2">铝盒
质量
(g)</td><td rowspan="2">烘干前
铝盒及
试样
总质量
(g)</td><td rowspan="2">烘干后
铝盒及
试样
总质量
(g)</td><td rowspan="2">含水质量
m_0(g)</td><td rowspan="2">烘干后
试样质量
m_1(g)</td><td colspan="2">含水量
$\omega = m_0/m_1 \times 100\%$
(%)</td></tr>
<tr><td>单个值</td><td>平均值</td></tr>
<tr><td rowspan="2"></td><td></td><td></td><td></td><td></td><td></td><td></td><td></td><td rowspan="2"></td></tr>
<tr><td></td><td></td><td></td><td></td><td></td><td></td><td></td></tr>
<tr><td rowspan="2"></td><td></td><td></td><td></td><td></td><td></td><td></td><td></td><td rowspan="2"></td></tr>
<tr><td></td><td></td><td></td><td></td><td></td><td></td><td></td></tr>
<tr><td rowspan="2"></td><td></td><td></td><td></td><td></td><td></td><td></td><td></td><td rowspan="2"></td></tr>
<tr><td></td><td></td><td></td><td></td><td></td><td></td><td></td></tr>
<tr><td colspan="9">附加声明：</td></tr>
</table>

检测：　　　　　　记录：　　　　　　复核：　　　　　　　　　　日期：　　　年　　月　　日

水泥(石灰)剂量标准曲线试验检测记录表

检测单位名称：　　　　　　　　　　　　　　　　　　　　　　　　记录编号：

工程名称							
工程部位/用途							
样品信息							
试验检测日期				试验条件			
检测依据				判定依据			
主要仪器设备名称及编号							
试样编号							
水泥/石灰剂量(%)	初读数 V_1 (mL)	终读数 V_2 (mL)	EDTA二钠标准溶液消耗量(mL)	初读数 V_1 (mL)	终读数 V_2 (mL)	EDTA二钠标准溶液消耗量(mL)	平均EDTA二钠标准溶液消耗量(mL)
标准曲线							
附加声明：							

检测：　　　　　　记录：　　　　　　复核：　　　　　　　　　　日期：　　　年　　月　　日

无机结合料稳定材料击实试验记录表

检测单位名称：　　　　　　　　　　　　　　　　　　　　　记录编号：

委托单位		试验单位	
委托编号		试验规程	
试样类型		试验者	
取样地点		校核者	
试样说明及用途		试验日期	
		石灰品种等级	
设计剂量		水泥品种标号	

筒号		筒容积		击实方法		击锤质量	
落距		击实层数		每层击实次数		大于 5mm 颗粒含量(%)	

干密度	试验次数	1	2	3	4	5	6
	加水量(g)						
	筒+湿试样质量(g)						
	筒质量(g)						
	湿试样质量(g)						
	湿密度(g/cm³)						
	干密度(g/cm³)						

含水量	盒号												
	盒+湿试样质量(g)												
	盒+干试样质量(g)												
	盒质量(g)												
	水质量(g)												
	干试样质量(g)												
	含水量(%)												
	平均含水量(%)												

击实曲线	干密度(g/cm³)	最大干密度 ρ_{dmax} =　　　　(g/cm³) 最佳含水量 ω_0 =　　　　(%)
		含水量(%)

无机结合料稳定材料无侧限抗压强度试验检测记录表

检测单位名称：　　　　　　　　　　　　　　　　　　　　　　　　　　　　　　记录编号：

工程名称							试验条件					
工程部位/用途							判定依据					
样品信息							检测依据					
主要仪器设备名称及编号												
最大干密度(g/cm^3)		最佳含水量(%)					试件压实度(%)				试件尺寸(mm)	
结合料名称		材料颗粒组成					设计强度(MPa)				试件成型方法	
结合料等级		结合料剂量(%)					养生龄期(d)				应力环系数	
试件制作日期												
试件编号												
养生前试件质量 m_1(g)												
浸水前试件质量 m_2(g)												
浸水后试件质量 m_3(g)												
养生期间质量损失(m_1-m_2)(g)												
吸水量(m_3-m_2)(g)												
养生前试件高度 h(mm)												
养生后试件高度 h(mm)												
试件破坏时最大荷载 P(kN)												
量力环百分表读数(0.01mm)												
无侧限抗压强度 R_c(MPa)												
无侧限抗压强度试验结果	平均强度 $\bar{R}c$(MPa)：			标准差 S(MPa)：			变异系数 C_v(%)：			最小值		最大值	
附加声明：												

检测：　　　　　　记录：　　　　　　复核：　　　　　　　　　　　　　　　　日期：　　　年　　月　　日

第八章 建筑用钢材

钢材是建筑工程中最重要的金属材料。钢材具有强度高、塑性及韧性好,可焊可铆、易于加工、便于装配等优点,被广泛应用于各领域。建筑钢材的技术性能主要包括抗拉性能、塑性、冲击韧性、冷弯性能和硬度、钢材的冷加工与时效等。低碳钢的拉伸破坏过程分为弹性、屈服、强化和颈缩 4 个阶段,断后伸长率和冷弯性能是衡量钢材塑性的指标,钢材通过冷加工时效处理,可提高其强度,但塑性和韧性下降。建筑钢材可分为结构用型钢和钢筋混凝土用钢筋、钢丝。钢筋混凝土用钢材包括热轧钢筋、冷轧带肋钢筋、预应力混凝土用钢丝和钢绞线等,这些钢筋强度高、塑性也好。在工程实际中应合理选用钢材规格和品种。

钢材的试验参数有重量偏差、抗拉强度、屈服强度、断后伸长率、弯曲性能等。

本章中的试验方法依据《金属材料 弯曲试验方法》(GB/T232—2010)、《金属材料拉伸试验 第 1 部分:室温试验方法》(GB/T228.1—2021)、《钢筋混凝土用钢 第 1 部分:热轧光圆钢筋》(GB/T1499.1—2017)、《钢筋混凝土用钢 第 2 部分:热轧带肋钢筋》(GB/T1499.2—2018)中的规定进行编写的。

第一节 分类和牌号

热轧光圆钢筋和热轧带肋钢筋是钢筋混凝土最常用的两类普通钢筋。《钢筋混凝土用钢》(GB/T 1499)将钢筋按屈服强度特征值分为 300 级、400 级、500 级、600 级,见表 8-1。

表 8-1 钢筋牌号含义

<table>
<tr><th>类别</th><th>牌号</th><th>牌号构成</th><th>英文字母含义</th></tr>
<tr><td>热轧光圆钢筋</td><td>HPB300</td><td>由 HPB+屈服强度特征值构成</td><td>HPB—热轧光圆钢筋的英文(Hot rolled Plain Bars)缩写</td></tr>
<tr><td rowspan="5">普通热轧钢筋</td><td>HRB400</td><td rowspan="3">由 HRB+屈服强度特征值构成</td><td rowspan="5">HRB—热轧带肋钢筋的英文(Hot rolled Ribbed Bars)缩写。
E—“地震”的英文(Earthquake)首位字母</td></tr>
<tr><td>HRB500</td></tr>
<tr><td>HRB600</td></tr>
<tr><td>HRB400E</td><td rowspan="2">由 HRBF+屈服强度特征值+E 构成</td></tr>
<tr><td>HRB500E</td></tr>
<tr><td rowspan="4">细晶粒热轧钢筋</td><td>HRBF400</td><td rowspan="2">由 HRBF+屈服强度特征值构成</td><td rowspan="4">HRBF—在热轧带肋钢筋的英文缩写后加“细”的英文(Fine)首位字母。
E—“地震”的英文(Earthquake)首位字母</td></tr>
<tr><td>HRBF500</td></tr>
<tr><td>HRBF400E</td><td rowspan="2">由 HRBF+屈服强度特征值+E 构成</td></tr>
<tr><td>HRBF500E</td></tr>
</table>

第二节 试验方法

一、质量偏差

1. 取样方法

从不同的钢筋上截取试样及称重试样，数量不少于5支，每支试样长度不小于500mm。

2. 试验步骤

逐支测量长度，精确到1mm。测量试样总质量时，精确到不大于总质量的1%。

3. 计算

钢筋实际质量与理论质量的偏差按式(8-1)计算：

$$\text{质量偏差}=\frac{\text{试样实际总质量}-(\text{试样总长度}\times\text{理论质量})}{\text{试样总长度}\times\text{理论质量}}\times 100\% \quad (8-1)$$

二、钢筋室内拉伸试验

1. 试验环境条件

试验一般在室温10～35℃下进行。

2. 仪器设备

(1)万能材料试验机：量程不小于600kN，应为Ⅰ级或优于Ⅰ级的准确度。

(2)钢筋标距仪：可连续标记一系列套叠的原始标距。

(3)游标卡尺：量程为0～300mm，分辨力应高于0.1mm，精确至±0.25mm。

3. 应力速率控制的试验速率的确定(方法B)

(1)测定上屈服强度速率在弹性范围至上屈服强度，试验机夹头和分离速率应尽可能保持恒定并在表8-2中规定的应力速率的范围内。

表8-2 应力速率

材料弹性模量 E(MPa)	应力速率 R(MPa/s)	
	最小	最大
<150000	2	20
≥150000	6	60

(2)测定下屈服强度速率

若仅测定下屈服强度，在试样平行长度的屈服期间应变速率应为0.00025～0.0025s^{-1}。平行长度内的应变速率应尽可能保持恒定。若不能直接调节这一应变速率，应通过调节屈服即将开始前的应力速率，在屈服完成之前不再调节试验机的控制。在任何情况下，弹性范围内的应力速率不得超过表8-2所列的最大速率。

4. 试样制备

(1)钢筋拉伸、弯曲、反向弯曲试验试样不允许进行车削加工，试样长度应大于夹持长度加原始标距的长度。

(2)试验机两夹头间的自由长度应足够，以使试样原始的标记与接近夹头间的距离不小于 1.5d。

(3)试样原始标距的标记和测量：钢筋采用比例试样，公称标距通常采用 5 倍的直径，个别直径较小的钢筋也可采用 10 倍直径(需在试验记录中加以说明)。用钢筋标距仪标计原始标距，标距误差不超过±1%。

5. 试验步骤

(1)开启万能试验机，升降上、下钳口，确认正常后对读数进行调零。调整上、下夹头，将试样夹持在试验机的上、下钳口内，试样头部被夹持的长度不得小于钳口长度的 2/3。夹持面与试样接触面应尽可能对称均匀，试样轴线应绝对垂直于试验机。

(2)按表 8-2 中的要求控制好加荷速度，不得冲击。试件断后，取下试件，对断口不能造成人为伤痕，依次排列以便测量伸长率。

(3)屈服强度的确定：从拉伸曲线图上确定试验过程中的上、下屈服强度。当无曲线图时，从读盘指针(或屏显数值)读取力值，拉伸时，指针首次停止转动的恒定力、首次回转前的最大力和不计初始瞬时效应的最小力，对应的应力为上、下屈服强度。

(4)抗拉强度的确定：试样拉至断裂，从拉伸曲线图上或测力读盘(数显屏幕)上读取最大力。

(5)断后伸长率测定：将试样断裂的部分仔细地配接在一起，使其轴线处于同一直线上，用分辨率不低于 0.1mm 的游标卡尺量测断后标距。

不同类型曲线的上屈服强度和下屈服强度(R_{eH} 和 R_{eL})如图 8-1 所示。

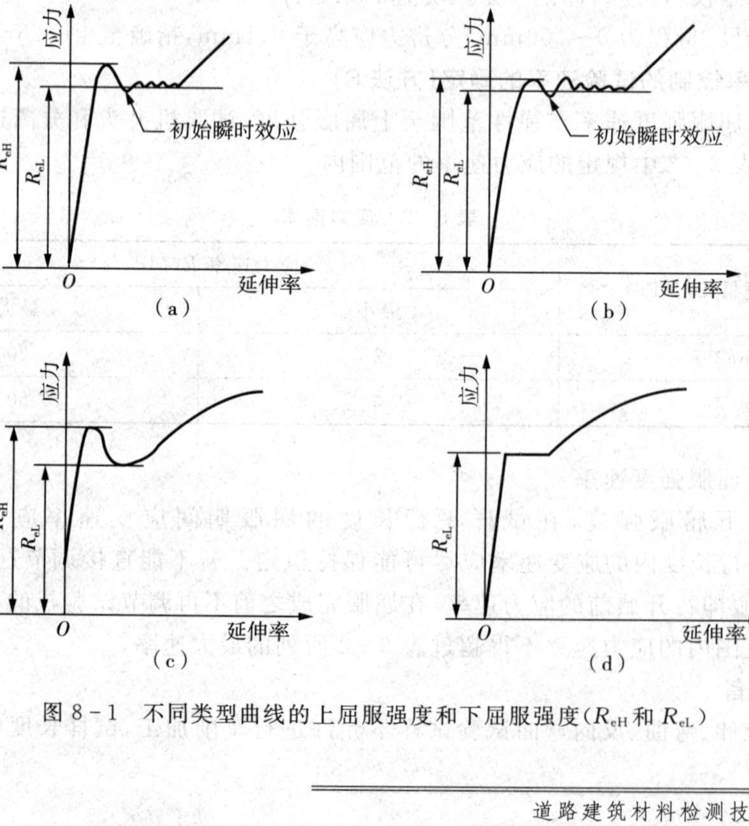

图 8-1 不同类型曲线的上屈服强度和下屈服强度(R_{eH} 和 R_{eL})

6. 试验结果计算

(1)下屈服强度按式(8－2)计算：

$$R_{eL}=\frac{F_{eL}}{S_0} \tag{8-2}$$

式中：R_{eL}——下屈服强度(MPa)；

F_{eL}——屈服时不计初始瞬时效应的最小力(N)；

S_0——钢筋的横截面面积(mm^2)。

(2)抗拉强度按式(8－3)计算：

$$R_m=\frac{F_m}{S_0} \tag{8-3}$$

式中：R_m——抗拉强度(MPa)；

F_m——拉伸过程最大力(N)；

S_0——钢筋的横截面面积(mm^2)。

(3)断后伸长率按式(8－4)计算：

$$A=\frac{L_a}{L_0}\times 100\% \tag{8-4}$$

式中：A——断后伸长率(%)；

L_a——断后标距(mm)；

L_0——原始标距(mm)。

三、钢筋弯曲试验(支辊法)

1. 仪器设备

(1)仪器设备：液压万能试验机(量程为 300～1000kN)；

(2)支辊式弯曲装置(图 8－2)。

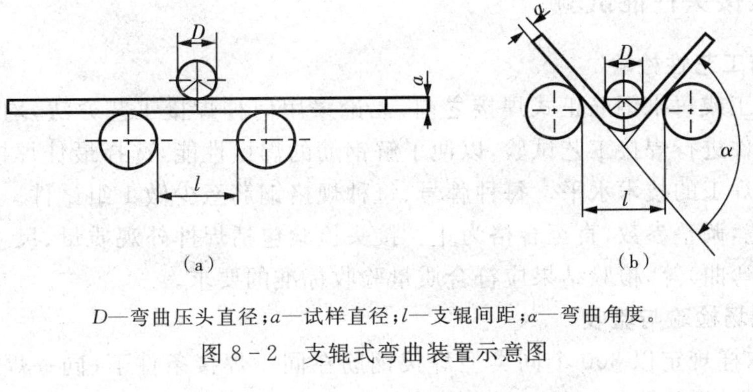

D—弯曲压头直径；a—试样直径；l—支辊间距；α—弯曲角度。

图 8－2　支辊式弯曲装置示意图

2. 试验环境

试验一般在10～35℃室温环境下进行。

3. 试验步骤

(1)组装万能试验机工作平台上的支辊弯曲装置，根据钢筋牌号和直径的大小选择弯曲压头直径，按式(8-5)计算支辊间距并加以调整：

$$l=(D+3a)\pm a/2 \tag{8-5}$$

式中：l——试样长度(m)；

D——弯曲压头直径(m)；

a——钢筋试样直径(m)。

(2)试样平放在支辊上，试样轴线应与弯曲压头轴线垂直，启动万能试验机，缓慢施加弯曲力，使试样尽可能弯曲至最大角度。

(3)小心地取下试样，然后将试样置于两平行压板之间连续施加力以压其两端，使其进一步弯曲，直至两臂平行。

(4)仔细观察试样弯曲表面有无裂纹、裂缝或裂断现象，记录试验结果并做出合格与否的判定。

试样弯至两臂平行如图8-3所示。

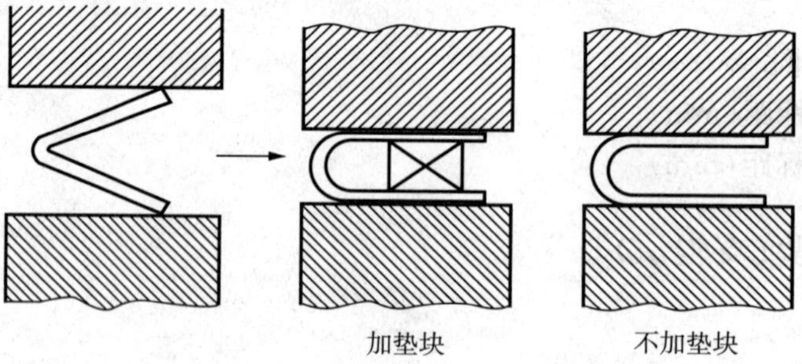

图5-3　试样弯至两臂平行

四、钢筋焊接接头性能试验

1. 施焊前工艺性检验

在工程开工或每批钢筋正式焊接之前，无论采用何种焊接工艺方法，均须采用与生产条件相同的条件进行焊接工艺试验，以便了解钢筋的焊接性能，选择最佳焊接参数，以及掌握担负生产的焊工的技术水平。每种牌号、每种规格钢筋至少做1组试件。若第一次未通过，应改进工艺，调整参数，直至合格为止。接头检验包括焊件外观质量、尺寸偏差、力学性能试验(拉伸、弯曲)等，检验结果应符合质量验收标准的要求。

2. 施工现场检验与验收

(1)现场取样规定以300个同类型焊接钢筋在同一焊接条件下(同一焊工在同一班内用同一焊接参数)焊接作为一批，一周内焊接不足300个者，亦按一批计。取样前应先对焊件的尺寸、外观进行检验，确认合格后再从成品上截取试件，每批取最大钢筋直径焊件，3根试件为一组进行拉伸试验，闪光对焊接头的应取最大钢筋直径焊件，3根试件为一组进行弯曲试验。

(2)拉伸试验及评定试验方法按《钢筋焊接接头试验方法标准》(JGJ/T 27—2014)要求执行。每根试件的焊接接头抗拉强度均应符合钢筋抗拉强度要求，至少有2个试件断于焊缝之外，并呈延性断裂。当试验结果有1个试件的抗拉强度小于上述规定值，或有2个试件在焊缝或热影响区发生脆性断裂时，应再取6个试件进行复验。在复验结果中，当仍有1个试件抗拉强度小于规定值时，或3个试件断于焊缝或热影响区，且呈脆性断裂，应确认该批接头为不合格品。

(3)弯曲试验及评定闪光对焊接头弯曲试验时，应将受压面的金属毛刺和增厚部分消除，且与母材的外表齐平。弯曲试验可在万能试验机、手动或电动液压弯曲试验机上进行，焊缝应处于弯曲中心，当弯至90°，至少有2个试件不得发生破断。

五、机械接头性能试验

1. 工艺性检验

工程中应用机械连接接头时，应由该技术提供单位提交有效的形式检验报告。钢筋连接工程开始及施工过程中，应对每批进场的钢筋进行接头工艺性检验，工艺检验应符合如下要求：

(1)每种规格钢筋接头试件不应少于3根。

(2)对接头试件的钢筋母材应进行抗拉强度试验，并不应少于3根，且应自接头试件的同一根钢筋。

(3)3根接头试件的抗拉强度符合表8-3中的规定。

表8-3　接头抗拉强度

接头等级	Ⅰ级	Ⅱ级	Ⅲ级
抗拉强度	$f^{\theta}_{mst} \geqslant f_{mst}$ 断于钢筋 $\geqslant 1.10 f_{stk}$ 断于接头	$f^{\theta}_{mst} \geqslant f_{stk}$	$f^{\theta}_{mst} \geqslant 1.25 f_{stk}$

注：f^{θ}_{mst}——接头试件实际抗拉强度；f_{mst}——接头试件中钢筋抗拉强度实测值；f_{stk}——钢筋屈服强度标准值。

2. 施工现场检验与验收

(1)钢筋机械接头的现场检验按验收批进行。在同一施工条件下，采用同一批材料的同等级、同型式、同规格接头，以500个为一个验收批，不足500个亦作为一个验收批。

(2)每一验收批必须在成品中随机截取3个试件做单向拉伸试验，拉伸试验可在万能试验机上进行，试验结果应符合图纸要求的接头性能等级。

(3)当3个试件单向拉伸试验结果中，若有1个试件的强度不符合要求，应再取6个试件进行复验，复验中若仍有1个试件结果不符合要求，则该验收批为不合格。

(4)在现场连续检验10个验收批，当抽样试件单向拉伸强度一次性合格率为100%时，验收批接头数量可扩大一倍。

第三节　常用参数试验记录表格

钢筋质量及尺寸偏差试验检测记录表

检测单位名称：　　　　　　　　　　　　　　　　　　　　　记录编号：

工程名称										
工程部位/用途										
样品信息	样品名称： 样品状态：						样品数量： 来样时间：			
试验检测日期					试验条件					
检测依据					判定依据					
主要仪器设备名称及编号										
理论质量(kg/m)				内径公称尺寸(mm)			横肋高公称尺寸(mm)			
试件编号										
测试序号	内径	横肋高	内径	横肋高	内径	横肋高	内径	横肋高	内径	横肋高
尺寸(mm) 单值										
尺寸(mm) 平均值										
内径平均值(mm)		内径偏差(mm)			横肋高平均值(mm)			横肋高偏差(%)		
长度(mm) 单值										
长度(mm) 平均值										
实际质量(g)										
总长度(mm)				实际总质量(g)			质量偏差(%)			
附加声明：										

检测：　　　　记录：　　　　复核：　　　　　　　　日期：　　年　　月　　日

钢材试验检测记录表

检测单位名称：　　　　　　　　　　　　　　　　　　　　记录编号：

工程名称			
工程部位/用途			
样品信息	样品名称： 样品状态：	样品数量： 来样时间：	
试验检测日期		试验条件	
检测依据		判定依据	
主要仪器设备名称及编号			
试件编号			
拉伸试验	公称直径(mm)		
	公称截面面积(mm^2)		
	下屈服荷载(kN)		
	下屈服强度 R_{eL}(MPa)		
	最大力 F_m(kN)		
	抗拉强度 R_m(MPa)		
	原始标距 L_o(mm)		
	断后标距 L_u(mm)		
	断后伸长率 A(%)		
	最大力总伸长率 A_{gt}(%)		
试件编号			
弯曲试验	压头直径(mm)		
	弯曲角度(°)		
	试验结果		
试件编号			
反向弯曲	压头直径(mm)		
	弯曲角度(°)		
	试验结果		
附加声明：			

检测：　　　　　记录：　　　　　复核：　　　　　　　日期：　　　年　　月　　日

钢筋焊接接头性能试验检测记录表

检测单位名称：　　　　　　　　　　　　　　　　　　　　　　　　　　记录编号：

工程名称			
工程部位/用途			
样品信息	样品名称： 样品状态：	样品数量： 来样时间：	
检测依据		判定依据	
试验条件		试验检测日期	
主要仪器设备名称及编号			

拉伸	试件编号			
	公称直径(mm)			
	焊缝长度(mm)			
	钢筋截面面积(mm^2)			
	最大力 F_m(kN)			
	抗拉强度 R_m(MPa)			
	断口形式			
	断口离焊口距离(mm)			
冷弯	试件编号			
	弯心直径 d(mm)			
	弯心角度 α(°)			
	结果			

附加声明：

检测：　　　　　记录：　　　　　复核：　　　　　　　　日期：　　年　　月　　日

钢筋机械接头性能试验检测记录

检测单位名称：　　　　　　　　　　　　　　　　　　　　　　记录编号：

<table>
<tr><td colspan="3">工程名称</td><td colspan="3"></td></tr>
<tr><td colspan="3">工程部位/用途</td><td colspan="3"></td></tr>
<tr><td colspan="3">样品信息</td><td colspan="3">样品名称：　　　　　　样品数量：
样品状态：　　　　　　来样时间：</td></tr>
<tr><td colspan="3">检测依据</td><td></td><td>判定依据</td><td></td></tr>
<tr><td colspan="3">试验条件</td><td></td><td>试验检测日期</td><td></td></tr>
<tr><td colspan="3">主要仪器设备
名称及编号</td><td colspan="3"></td></tr>
<tr><td colspan="4" rowspan="2">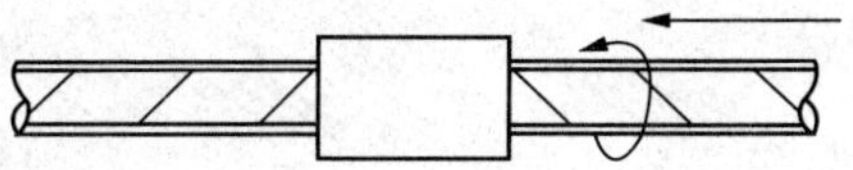</td><td>设计接头等级</td><td></td></tr>
<tr><td>连接工艺参数</td><td></td></tr>
<tr><td colspan="3">钢筋牌号</td><td></td><td></td><td></td></tr>
<tr><td rowspan="6">接头试验结果</td><td colspan="2">单向拉伸试件编号</td><td></td><td></td><td></td></tr>
<tr><td colspan="2">套筒长度(mm)</td><td></td><td></td><td></td></tr>
<tr><td rowspan="4">单向拉伸</td><td>抗拉荷载(kN)</td><td></td><td></td><td></td></tr>
<tr><td>抗拉强度(MPa)</td><td></td><td></td><td></td></tr>
<tr><td>离断口距离(mm)</td><td></td><td></td><td></td></tr>
<tr><td>断裂形式</td><td></td><td></td><td></td></tr>
<tr><td colspan="6">附加声明：</td></tr>
</table>

检测：　　　　　　记录：　　　　　　复核：　　　　　　日期：　　　年　　月　　日

图书在版编目(CIP)数据

道路建筑材料检测技术实训指导书/王林攀,李峰主编．—合肥:合肥工业大学出版社,2022.6(2025.1重印)

ISBN 978-7-5650-5890-5

Ⅰ.①道… Ⅱ.①王…②李… Ⅲ.①道路工程—建筑材料—检测—高等职业教育—教学参考资料 Ⅳ.①U414

中国版本图书馆CIP数据核字(2022)第093841号

道路建筑材料检测技术实训指导书

DAOLU JIANZHU CAILIAO JIANCE JISHU SHIXUN ZHIDAOSHU

主　编　王林攀　李　峰　　　　责任编辑　张择瑞　郭　敬

出　版	合肥工业大学出版社	版　次	2022年6月第1版
地　址	合肥市屯溪路193号	印　次	2025年1月第2次印刷
邮　编	230009	开　本	787毫米×1092毫米　1/16
电　话	理工图书出版中心:0551-62903204	印　张	10.5
	营销与储运管理中心:0551-62903198	字　数	243千字
网　址	press.hfut.edu.cn	印　刷	安徽省瑞隆印务有限公司
E-mail	hfutpress@163.com	发　行	全国新华书店

ISBN 978-7-5650-5890-5　　　　定价:30.00元

如果有影响阅读的印装质量问题,请与出版社营销与储运管理中心联系调换